U0916220

# 情商高就是会谈判

刘建华◎编著

天津出版传媒集团
天津人民出版社

图书在版编目（CIP）数据

情商高就是会谈判 / 刘建华编著 . -- 天津 : 天津人民出版社 , 2020.1

ISBN 978-7-201-15806-8

Ⅰ . ①情… Ⅱ . ①刘… Ⅲ . ①谈判学－通俗读物
Ⅳ . ① C912.35-49

中国版本图书馆 CIP 数据核字 (2020) 第 016478 号

# 情商高就是会谈判

QINGSHANGGAO JIUSHI HUI TANPAN

---

出　　版　天津人民出版社
出 版 人　刘　庆
地　　址　天津市和平区西康路 35 号康岳大厦
邮政编码　300051
邮购电话　022-23332469
网　　址　http: //www.tjrmcbs.com
电子信箱　reader@tjrmcbs.com

责任编辑　刘子伯
装帧设计　那维俊

制版印刷　三河市恒升印装有限公司
经　　销　全国新华书店

开　　本　710 × 1000　　1/16
印　　张　16
字　　数　200 千字
版次印次　2020 年 1 月第 1 版　2020 年 1 月第 1 次印刷
定　　价　39.80 元

---

版权所有　侵权必究

# 目 录

Contents

## 第一章　懂得进退，善于沟通，才能在谈判中得心应手



## 第二章　有备无患，想要赢得谈判就得做好准备工作

## 第三章　万事开头难，准备是正式谈判的第一步



## 第四章　进退有据，掌握谈判开局阶段的主动权



## 第五章　寸土必争，谈判磋商阶段的应变技巧

## 第六章 步步为营，谈判终局阶段的收官技巧



## 第七章 真亦假来假亦真，洞悉对手的真实情报



## 第八章 把握全局，运用谈判技巧随机应变说服对手

# 第一章

# 懂得进退，善于沟通，才能在谈判中得心应手

# 少说一句又何妨，你也没输掉什么

古人云：“夫乾坤覆载，以人为贵，立身处世，以礼仪为本。”一个懂得进退得宜、出入有序的人，是胸怀君子之气坦荡荡的人，是善于沟通、左右逢源的人。所谓处治世应立威，处乱世须圆通，处高处要谦恭，处低处勤用功。这不只是做人的道理，更是沟通的技巧，善于沟通的人就是因为把握了进退之度。

生活在这个世界上，与人交流，与人沟通，都少不了。只不过，有些时候，多说一句话却会为自己带来非常不好的后果。因此，我们与人沟通时，要善于把握力度，懂得进退，在该说的时候，保证以最正确的语言、语气、神情来表达，但在不该说的时候，哪怕是一句话，也不应该脱口而出。

如果我们心里总有多说几句就一定战胜对方的心理，那就远离善于沟通。因为，多说一句话，我们很可能不经意间为自己树立了敌人，让我们的人际关系比不沟通之前可能变得更加紧张。

可见，虽然只是一句话的事，但却是一门重要的学问。在关键时刻可以控制自己少说一句，其境遇与境界都会变得与众不同。

托尼是公司经理助理，虽然是新人，但很尽职尽责，深得经理信任。这天，经理有事，要求副经理约翰·维劳带托尼去谈一个项目。临走时，经理对两个人说：“对方是非常挑剔的公司，一定要记得注意言行举止，以促成合作。”

两人很快到了对方公司。约翰·维劳与对方经理洽谈时，托尼在一边听着，随时记录要点。可是，托尼思想单纯，除了记录，还总不时插几句嘴。这让约翰非常不满，但又碍于对方经理的面子，不好直接发作，只能借故支开托尼。

托尼似乎一点也没意识到自己的问题，反而认为副经理有意支使自己，排挤自己，不尊重自己的存在。于是，他便沉着脸去默默为两位经理拿资料，或者倒咖啡，弄完之后便赶快回来，以免错过听两人洽谈的内容。

约翰与对方经理谈得很愉快。等到托尼再坐下来时，约翰对对方经理说："如果你没意见，我们今天就可以将合作合同签下来。"

对方经理还没开口，托尼却急急地说："这恐怕不行，因为昨天经理拜访汉斯（另外一家竞争公司的经理），似乎也有意要签合作的，这两家只能选择一家……"

约翰非常生气，及时打断托尼的话："请不要乱讲，现在没你的事，你先回公司吧！"

"可我必须对这件事负责，不然回去没办法向经理交代。"托尼急急地辩解。

"不需要你负责，我自己会负责的。"约翰的脸色特别难看。

"不行，我是经理助理。经理让我来就是要与你及时沟通这件事。你怎么可以擅自做主，将经理谈下来的汉斯一方直接抛开呢？就算你是经理，我是助理，你也不能一手遮天，一人说了算。"托尼极力阻止，而且说话快速，口吻坚定，大有一副不取胜便不肯罢休的势头。

对方经理看了看约翰，再看一眼托尼，说："那算了，合同就以后再说吧！我现在还其他事要谈，就不奉陪了。"说完，他很快离开会议室。

约翰气愤不已，回到公司，当即通知人事部，要求辞退托尼。

托尼很快收到公司的辞退信。他满腹委屈，不知道自己做错了什么，难道自己负责任也有错吗？

其实，身在职场的我们很明白，托尼不但抢了副经理的风头，而且因为话多，当着顾客的面泄漏了本公司的机密。这都是说话不肯服输所造成的，因为他当时一心以为副经理在排挤自己，所以一心要争个高低，自然也就语出无度。若他能懂得少说一句话，保持适当沉默，事情也不至于此。

安迪渥荷曾经说过："我学会闭上嘴巴后，获得了更多的威望和影响力。"这就是说，在适当的时候，少说话，多听别人说话，并不是一种服输的表现。相反，这种适当的沉默，还会为自己增加智慧与威望。我们自古就有“慎言”之说，这就是要告诉我们：很多事情，少说一句没什么，反而是多说一句会带来意想不到的危害。

因此，一个不善于沟通的人是不明白进退之说的人。当与沟通者产生对峙时，再滔滔不绝似乎就变成为了说话而说话，这不但完全解决不了问题，更不可能给自己带来任何好处。有多少人因为一语之失而后悔莫及，又有多少人因为多说一句话而造成不可收拾的后果。所谓言多必失，就是这个道理。但少说一句却无妨，我们不仅输不了什么，还有可能因此获得意外的美好。

特别是在面对他人的误解时，面对职场中的不公平时，如果能适当地少说一句，则可以让我们更加心平气和，也更加从容安定。要知道，说话多的人多是计较的人，而宁愿少说一句也要保持风度的人，则是内心宽容、智慧的人。所以，做事不能太苛刻，说话也不能太刻薄。在必要的时候，少说一句，这是生活的艺术，更是人生的智慧。它能让我们与人更好地沟通，让我们的人际关系左右逢源。

## 不逞口舌之快，要面子更要“里子”

生活中，我们见过太多任性、不肯受委屈、脾气又不好的人。这种人最大的问题就是很多时候并无恶意，但因为要逞口舌之快，四面为敌，人缘尽失。而一个善于沟通的人是永远不会这样做的，因为他更明白，想要做人成功，做事成功，是要外在与内心全都顾及的。

那些与人争吵时的慷慨陈词，不会为我们迎得一丝他人的好感，甚至事后自己也会后悔不迭。这就是既失面子又失“里子”的双失行为。如果用一句话形容，只能是：爱逞口舌之快，处世不够成熟！

威廉在父亲开的汽车销售公司上班。但是，入职一个月以来，他一辆汽车也没有卖出去。他非常不高兴，心想：我年轻、帅气、热情、口齿伶俐、专业，为什么就卖不出一辆汽车呢？难道说是我选择错了行业？

父亲老威廉看出了儿子的疑惑，对他说：“孩子，口齿伶俐虽然是一件好事，但也会有损我们的稳重，特别是像你这样的年轻人。所以，你只有好好把握这一优点，才能让它为你服务。”

听完父亲的话，威廉却很不认同，说：“推销员最重要的就是说话能力了。如果我连一句完整的话都没有办法快速说出来，那还怎么推销产品呢？顾客可不喜欢一个口齿不清，说话慢条斯理的推销员。”

老威廉摇了摇头，“可是，顾客也不喜欢一个不肯听自己表达意见，而且总处处针对自己的推销员，这一点，你有想过吗？你平时虽然说得很多，但总没有耐心听顾客表达过自己的意见。顾客只要说出一点有关汽车不好的问题，你就总

是能用很多个理由来回敬顾客，这种说话没有分寸的行为，只会惹得顾客想要快点离开你。谁还会买你的汽车呢？”

威廉这才意识到自己的问题，第一次没有马上回答父亲的问题，而是想了一会儿，问：“那我要怎么做才能与顾客形成良好的沟通呢？”

老威廉笑了，“很简单，多听顾客的意见，回答问题不要一吐为快，尽量抛砖引玉，让顾客多说话。”

从那之后，威廉调整了自己的心态，再也不抢着说说话了，而且也不与顾客争执任何问题。他总是微笑着听顾客挑各种毛病，然后再抛砖引玉地引导顾客去发现汽车的优点。一个月过后，他成功销售出 4 台汽车。老威廉问他：“现在，你对自己的推销术有什么总结吗？”

威廉笑了，说：“我以前太争强好胜，总忍不住与顾客争辩，但这往往会让顾客生气，自然就销售不出汽车。现在，我时刻提醒自己要冷静，不针对顾客的挑毛病，也不会有什么话都要全盘托出，而是思考之后，再讲最有利于自己又能让他人接受的话。”

推销如此，为人也是如此。一个善于沟通的人是时刻会反省自己说话的问题的。他们从来不逞一时的口舌之快，因为这种看似占上风的行为，并无实际意义，它只会给自己的人生带来反面作用。生活中，不论做什么事情，没有人喜欢一个不经大脑长篇大论的人，因为这样做只会给他人留下口无遮拦、不切实际的印象。

佛家说：“天下最毒的东西，是咒骂他人的话，在恶毒的话仍未说出口时，毒素已经把说话人的心灵荼毒。”对于爱逞口舌之快的人来说，这就是一记警钟。我们平时爱说话没错，但当语言到了不吐不快时，就难免改变话语的性质，甚至为了击退对方而加重语言的攻击力度。这时，我们不但损失了自己的风度与修养，更损失了听我们说话者的尊重和友好。

沟通是建立在尊重他人，营造良好交流氛围基础之上的。如果我们不想失去家人、朋友、同事以及顾客的尊重，在说话之前还需要再三思忖。有人说，话在出口之前思三秒，这其实就是告诉我们，请对自己所说的话进行过滤，不要因为顺口、开玩笑、真诚等原因，便一股脑儿将心里想说的话都“倒”出来。因为这些话没有人会喜欢，哪怕是家人与朋友，也会因为我们说话过头而心生不快。

试看天下大智者，都有不爱与人争论的个性，而那些聪明的人，又从不计较话语的输赢。好口才确实有助于沟通，但若口才过于流利，致使话语太多，那就只能称之为话语机器——它完全达不到沟通目的，更不会让我们与他人之间行成良好互动。所以，适当闭口是一种智慧，一鸣惊人者从来不是每天滔滔不绝的人。

# 大事守得住底线，小事装得了糊涂

“聪明难，糊涂难，由聪明转入糊涂更难。”这是清朝名人郑板桥的名言。他告诉我们，一个聪明的人可以聪明，也能装得了糊涂。

所谓“难得糊涂”便是对人生最智慧的态度。事实上，这种可以聪明又能装糊涂的智慧，对善于沟通的人并不是难事。因为善于沟通者最懂进退，他们永远知道，应该在什么时候聪明，又要在哪些事上糊涂。

克鲁特兹在公司已经工作了 6 年，不但业绩突出，而且人缘也很好。在公司里，所有人都知道他好说话。人家有什么所求，他都能尽可能满足。但是，不知为什么，克鲁特兹有这样的业绩和人品，却一直得不到晋升的机会。

克鲁特兹非常郁闷。在当年的述职报告中，他特别将自己期望的职务调动说了出来，而且重点说到付出与获取之间的比例如果不协调就会让人才外流。这明显是在提醒上司，如果自己得不到重用，那就只能寻找其他出路。

上司不想让这么好的人才走掉，但他知道克鲁特兹好说话，于是趁着下班时间，特意约了克鲁特兹吃饭。克鲁特兹心里明白，这是上司要就自己的问题进行最后探底，能不能成，全看自己的底线是不是守得牢。于是，他轻装上阵，在与上司推杯换盏之间谈笑风生。

果然，酒过三巡，上司便开始“诉苦”：“你不知道，我去年就想让你做销售总监。可是，你知道，我也要听命于人，总裁的儿子要安置，你说我能怎么办？我压力大呀！”克鲁特兹明白，这是去年升职未果的原因——销售总监被总裁的儿子占据了。他点着头，一脸苦笑地对上司说：“你也真不容易，我得多谢你想着我了。”

上司见此，又开始第二轮“诉心”，一会儿主动要求给克鲁特兹加薪，一会儿又谈新福利，甚至连办公室的装修都说到了，唯独不提今年升职的事。克鲁特兹只是保持着笑容听着，最后说：“再次感谢你！不过，我看没这个必要了。”

此话一出，上司顿时一惊，很快又装出赞美的样子说：“看看，我就说你是个不拘小节的人，从不为难上司，也不争什么。”

克鲁特兹一边喝酒，一边装作口齿不清地说：“什么升职、加薪，这都是小事，因为谁也不知道明天会怎么样呢。我可不敢保证明天我能有机会与你一起共事，干杯。”说着，他将酒一饮而尽，趴在桌边装起醉来。

上司连忙说：“哦，克鲁特兹，你酒量真不行，这么快就说醉话了。”

后来，上司将克鲁特兹送回家，没有再说任何关于职务的事。但是，在年底人员安排的时候，克鲁特兹成功地被提升为销售总监。

一个人，对自己想要什么，想达到什么样的目的必须始终保持清醒，这就是所谓的底线。在沟通过程中，只有拥有了底线的人，才会想方设法去维护，而这就包括放小取大，即：小事装糊涂，大事有底线。就如同克鲁特兹，他要的就是升职，福利、加薪、装修办公室，那都是上司欲转移视线的条件，他必须有清醒的判断。他虽然不好直接将升职说出来，但却能借“醉话”表达出来。这就是郑板桥所说的“难得糊涂”。

不过，装糊涂也要讲究方式方法，特别是对底线的把持，万不可因“糊涂”而突破了底线。那人生哪些事是需要聪明对待，哪些事又要装作糊涂的呢？很简单，大事要聪明，一定要守得住底线，丝毫不能放松，而小事则要装糊涂，不能太过较真。这种行为，对于善于沟通的人是经常运用的方法之一。因为善于沟通的人最明白，自己应该以怎么样的糊涂小事，来达成大事。在沟通过程中，善沟通的人总是取大放小，有底线，有退让，最终成全自己的目标。

而这种沟通的技巧与做人是相同的道理，如果我们说话不让人喜欢，办事不让人认可，那做人也就失败了。人的一生需要面对的事千千万万，但这若干多的事情，又被分成了大大小小。假使我们每日都事无巨细，一定会累死的，可如果能适当抓大放小，则可让生活游刃有余。

# 激发了听众的好奇心，你就成功一半了

有一句俗话：好奇害死猫。这充分说明一个道理，好奇心是让人类、动物以及一切生命产生欲望的意念。它不但可以促使我们去认知不知道的事物，也为我们增添了生活的乐趣。而在沟通面前，好奇心同样具有这样的魅力。当我们成功激发与之沟通者的好奇心，便可以快速缩短与对方的距离感，并增加相互交流的机会。而且，一个充满好奇心的人，其求知欲与聆听欲是非常充足的，这就给我们创造了更好的沟通机会。

著名思想家普列汉诺夫去日内瓦作演讲时，演讲内容是“无产阶级与农民”这一话题。但是，以当时人们的情绪，他们完全没有心情听下去。而且，在听演讲的队伍中，不乏反对之人，他们根本就不希望普列汉诺夫演讲成功。

演讲台下混乱成一片，人们自顾自地说着话，甚至将普列汉诺夫的话都给淹没了。面对这样的场面，普列汉诺夫实在没有办法继续讲下去。他在离开还是坚持中纠结了一会儿，终于镇静下来。他必须要选择坚持，让人们都能听到关于无产阶级与农民团结起来的重要意义。

可是，如何让人们安静下来，听自己继续演讲呢？普列汉诺夫灵机一动，停止了说话，将两手交叉于胸前，定睛看着台下。观众瞬时有些茫然，不知道他为什么不说话，甚至以为他被现场气得忘记自己要说什么。就在观众纷纷好奇接下来他会怎么办时，普列汉诺夫忽然大声说：“如果我们也想用这种武器同你们斗争的话，我们来的时候就会……”这句话并没有说完，普列汉诺夫就闭上嘴，环视在场的所有人。

大家好奇心更强了。他们猜不出普列汉诺夫是什么意思，更不知道他究竟想怎么对待在场的人。于是，人群变得更加安静，有的人甚至在心中猜想会不会是炸弹或者棍棒？是想用武力征服我们吗？

看到大家都不出声，普列汉诺夫才慢慢地说："我们来的时候，就应该带着冷若冰霜的美女。"

此话一出，大家马上都会意地笑了，连同混在演讲队伍中的反对者也忍不住笑了起来。笑过之后，大家反而对普列汉诺夫产生了兴趣，津津有味地听他演讲。

这就是好奇的力量。我们想办法引起对方的好奇心时，就可以让对方产生与我们沟通、交流、倾听的愿望。因为好奇心是人类行为最基本的动机之一，它能成功引起个人内心的注意力，并牢牢吸引自己对于不知道、不了解、不清楚的后续谈话内容的关注。

由此可见，好奇心作用强大，是沟通成功的关键影响因素之一。只要我们能充分利用对方的好奇心，成功引发其好奇心，那么沟通的目标也就成功了一半。不过，我们在沟通过程中，要如何成功引起对方的好奇心呢？以下几点可以帮我们：

1. 利用对方不知道的信息来制造迷雾。这就是利用人们对新、奇、特事物的好奇心理——因为不了解、不知道，所以会格外好奇。如果在谈话过程中，成功引用对方不知道、没听说过的信息进行开场，则能很快引起对方的好奇，进而产生与我们多交流的欲望。此时，对方的倾听意愿非常强，会更有耐心听我们说话。

2. 唤起对方的期待与幻想。这是一种非常委婉的沟通方式，说话的时候，不要直截了当地和盘托出，而是让对方从你的话语中进行猜测与自我推敲。比如，我们直接对对方说："你听我说完。"这时对方多半是不想听你说后面的话的。但如果我们对他说："请稍等一下，我要了解一下你对这件事知道多少，才能决定要不要告诉你后面的话。"无疑，这时对方就会开始期待，反而担心你不讲给他听了。

3. 采取“犹抱琵琶半遮面”的效果。也就是说，在说一件事的时候，不要一次性全部说完，而是说一半，留一半，因为对全部事件的了解不足，会让听我们讲话的对方产生浓烈的好奇，他们急于了解事情的全部。自然也就会进一步提问、交流，进而与我们产生互动式的沟通了。

托尔斯泰曾经说过：“成功的教学所需要的不是强制，而是激发学生的欲望。”这与沟通是相同的道理，想要与对方产生良好互动的沟通过程，激发对方倾听、交流的欲望才是最重要的，而可以让这欲望产生的则非好奇心莫数。我们在与人沟通时，也莫不如此。

## 恰当的时候“自黑”，会让人更喜欢你

现代社会，聪明者从不会乱讲话，因为不管这话是有意还是无意，都有可能触动一些人的神经，从而为自己招惹无妄之灾。但是，有些时候，我们又不得不面对突如其来的语言攻击，想要巧妙地化解这种意外，与其用他人为挡箭牌，倒不如“自黑”。善于沟通的人是经常这样做的，因为他们知道，自己永远不会因为自我的嘲讽、取笑而憎恨自己，相反，这样适当的“自黑”只会获取他人衷心的接受与喜欢。

霍夫曼将军去慕尼黑进行视察。他在部队中威望极高，让很多人都有一种不敢亲近的感觉。每个士兵都与霍夫曼保持着刻意的距离。霍夫曼很不舒服，感觉自己被孤立了，是这里最不受欢迎的人。

到晚上，为了增加与大家的亲切交流，霍夫曼应邀参加了军队俱乐部的晚会。尽管霍夫曼已经将微笑挂在脸上，但效果还是不怎么好，大家依旧小心翼翼地与之寒暄。晚会进行到一半时，一名中士服务员来给大家斟酒。当时，霍夫曼坐在桌前，正低着头听人说话。服务员实在太紧张了，害怕做不好而惹恼这位将军。他颤抖着举着酒准备弯腰斟酒时，竟然一不小心将酒洒在了霍夫曼头上。

所有人都知道，霍夫曼没有头发，而且从来不喜欢别人拿自己的头发说事。这下中士服务员吓呆了，在场的人也惊得不知所措。他们似乎可以想象得到，这位严厉的将军将会大发雷霆。中士服务员完全不知该说什么，脸色苍白，汗水顺着面颊流下来。

可是，让人们没有想到的是，霍夫曼却并没有生气，而是拿起手帕，自顾自

地将酒擦干，然后回过身，笑着对服务员说："小伙子，我的头发已经秃了 20 年，你这个用酒刺激生长的方法我早就用过了。真是谢谢你的苦心。不过，我还是要告诉你实话，这个方法真的不管用。"

大家被霍夫曼的话惊呆了，但很快反应过来，全场一片哄笑。在大家的笑声中，中士服务员平静下来，非常感激地向霍夫曼敬了个礼。

至此，大家似乎一下拉近了与霍夫曼的距离。霍夫曼终于再也不觉得被孤立了。

聪明的人是不介意在适当的时候进行"自黑"的，因为这种自我嘲讽不仅能放低自己的身段，还能打破现场的尴尬，更赢得他人衷心的喜爱。例如，美国前总统林肯就经常用这种方式，以化解自己与他人之间的尴尬，而且百试不爽。

有人说，自我嘲讽是一种幽默，更是一种智慧，它可以化解复杂的人际关系，轻松缓和并不良好的现场气氛。确实如此，一个敢于将自己的短处拿出来与他人分享的人，其内心的坦荡与真诚，是会让他人真实感受到的。这种做法恰恰可以为自己打造一种亲和力，从而由被动转变为主动。这种智慧是对人生的一种领悟，更是对自身的一种清醒认知，不但可以使我们在与人沟通中张弛有度，更能让他人由衷地认可。

我们可以稍加留意生活，看看自己身边的成功者、沟通高手、人际达人，就会发现他们无不拥有自我嘲讽的勇气。这种自我嘲讽非但没有让他们减少魅力，相反，还让他们的人际关系、沟通能力、生活色彩都更加富有活力与朝气。所以，懂得自黑的人，才是真正懂得生活的人，而自黑更是一件美丽心灵的外衣，因为有它的存在，我们内心很多波动的情绪得到平衡与放松，从而让自己更加活力四射。

鲁迅说过，我们的确时时解剖别人，然而更多的时候是更无情地解剖自己。自黑其实就是一次解剖自己的过程，这需要勇气，唯有勇敢的人才能游刃有余，唯有自信的人才能坦诚运用。想要善于沟通的我们，必须时刻谨记，自黑是一剂心灵减压良药，更是松弛对方心态的保证，它能让我们化干戈为玉帛、化腐朽为神奇！

## 姿态放低一点，沟通才能更顺一点

在沟通过程中，我们必须要谨记一个原则，那就是切勿以居高临下的姿态来对待对方。因为这不但会伤害到对方的自尊，还会让你因为姿态而放弃有效的沟通。善于沟通的人是永远不会让这种事发生的。因为，他们非常清楚，想要顺畅沟通，就要保持与对方相同的高度，就要允许对方将与自己理解的不同偏差表达出来。

事实证明，真正有效、顺畅的沟通都是双方放低姿态，并保持相同心态来交流的。特别是当沟通过程中，一方的身份明显高于对方时，若能适度放低姿态，就会收到意想不到的沟通效果。

美国前总统里根虽然贵为一国总统，但为了赢得国民的好感，与他们进行情感上的沟通，也不惜放下高高在上的总统身段，亲自为一个小孩做助手。

原来，当时有一个叫比利的小男孩已经病入膏肓。男孩家人都非常希望让他在临死之前完成自己的所有心愿。所以，大家拼命满足比利的每一个愿望。

可是，当比利说出自己心中最真实的梦想时，大家都无计可施了。为什么呢？比利最大愿望竟是能做一回总统！这个愿望让全家人为难了，哪怕是那些想帮助他的好心人也同样无计可施。

就在大家束手无策时，里根知道了这件事情。他向比利发出邀请，请他到白宫来实现自己的梦想。比利身体虽然虚弱，但当他进入白宫坐到总统的椭圆形办公室里时，小脸上却泛起满足的笑容。里根并不是装样子让比利来白宫坐一坐，而是真的让他当总统，自己则亲自给他做助手，“帮”他处理所有公务。这样让比利真的如同总统一样，使他内心无限满足。

这种类似于游戏的工作，里根足足坚持了一整天，直到比利离开白宫。这件事情一出，里根马上成为民众眼中最有人情味、最有亲和力的总统。大家都认为，这才是他们需要的总统。这种从内心发出的喜爱让里根一度成为美国“最称职的总统”。

很多时候，人们总习惯将自己看得最重，认为自己才是高高在上的，是应该受到他人敬重的。但事实是，当我们将自己的姿态放在高处时，也就将与我们沟通的对方推到了远处。无疑，这对于顺畅的沟通是非常不利的。因为当我们高姿态时，态度总会在无形中变得不好，从而导致双方沟通关系恶化，让沟通无法继续下去。但是，如果我们能在沟通过程中相对放低姿态，则可让对方感受到充分尊重。这时，哪怕我们所说的话对方有所反对，甚至有坚决反对，也因为我们的尊重而不好意思直接表达。这无疑就大大促进了双方的沟通，使得关系融洽，并迅速建立对话机制，从而形成良好的互动与交流。

有哲人说，放低姿态是一种智慧，是一种认识自己的正确行为。确实，在我们生活的世界上，从来不缺少高高在上的人。但事实是，不管这个世界少了多么高高在上的人，地球都一样会照常转动。相反，世界上却总是很缺少低调、平和的人。如果我们平时都能放低一些姿态，对他人宽容一些，对自己看轻一点，就会让生活与人际都变得轻松、踏实。

善于沟通的人是深谙此道的。他们总是喜欢在沟通过程中将自己的姿态放低。这种低姿态总能恰到好处地让我们看到其内心的光明磊落以及无私无畏。这种境界最能打动人，也能吸引人。从而使得我们更愿意与之进行交流，保持平和、顺畅的沟通。哪怕是天大的事，有这种气场的存在，也可以达成良好的结果。

这就是为什么聪明者总是说：人要有傲骨，但不可有傲气。因为傲骨让我们做人更健康，而傲气只会让我们飘飘然不知所以，无端将自己与他人之间拉开距离。这对于一个善于沟通的人来说，是万万要不得的大忌。一个人心中充满了傲气，就会让他人引起内心的警戒，就会给人不容易相处的感觉。但是，若能时时刻刻注意适当放低自己的姿态，我们就会发现，那些原本并不容易接近的人，会变得愿意与我们共事，甚至佩服我们。

沟通不是什么难事，不过是我们与他人之间的交流过程。只要能摆正自己的心态，达到对方愿意配合我们交流的效果，那么沟通也就成功一半了。而在这个沟通过程中，我们再低调一些，姿态放低一点，则能取得理想的人际关系，成功消除对方的警惕与戒备，沟通自然就会变得顺畅，我们想要的结果也会唾手可得。

# 放下自己的身段，你将会在沟通中赢得尊重

善于沟通不仅要在心胸上放低姿态，更要在行动中放下自己的身段。因为良好沟通就如同叠罗汉，它需要有人放下自己的身段，以成全整场游戏。而我们若能在沟通中让自己放下身段，那么也就无形中抬高了对方，让他从内心认可我们的为人，从而更加尊重我们“敢于”放低身段的自信行为。

斯塔莱斯从小生活优渥，对生活品质要求很高，但是，他所住的加拉卡区穷人比较多，他这种凡事要求美好的生活方式让他难以融入其他人“无品质”的生活中去，因此，上学期间一度没有朋友。大学毕业后，他离开加拉卡，发誓要与“有品质”的人待在一起。

很快，他来到一个工业发展区，这里的人都比较富裕，他们看上去也都干净、优雅。于是，斯塔莱斯去参加了一家食品公司的面试，并被留下来试用。公司让试用的几个新人去车间体会一下，回来写一份体会、改革报告。其中一个叫汉斯的黑人青年，主动和斯塔莱斯打招呼：“嗨，我们一起干吧，我相信合作比一个人的力量更大。”斯塔莱斯不以为然，和汉斯一起朝车间走去。

大家一边走一边看，都想发现点什么。但操作工头也不抬地工作着，大家根本不觉得哪里有不对。于是，汉斯又主动和操作工聊起天来。他一点也不嫌弃操作工身上的异味，甚至与操作工戴着橡胶手套的手握在一起，这让一边的斯塔莱斯皱起眉头，在心里不适，于是捂起了鼻子。不过，为了完成任务，他还是问操作工：“你觉得这种工序有需要改进的地方吗？”操作工看看斯塔莱斯，冷笑了一声，“哼，这似乎是你们这些未来的工程师的事才对。”斯塔莱斯顿时无言以

对，只好默默地到一边去了。

可是，汉斯却早和那几位操作工熟络起来了，一手搭在一名操作工的肩上，一手指着转个不挺的机器说："这个大家伙会不会罢工呢？"其中一个工人则笑着说："被你说对了，它也偶尔发脾气，罢工是常事。"一听这话，汉斯立刻来了精神，不顾面试的新西装，直接坐在操作工有些油腻的凳子上，细细听工人说起故障来。在聊天中，汉斯不仅知道了机器的问题，连生产中不合理的地方也都弄了个一清二楚。

当汉斯听完工人们的看法和建议后，才发现所有新人早都走掉了。他急急忙忙赶回办公室。一进房间，生产部长就迎了过来，说："汉斯，恭喜你成为我们中的一员。"汉斯不解，自己的报告还没写怎么就通过了呢？这时，站在一边的斯塔莱斯也不解，直接问："为什么只有他通过了，却没有我们呢？"生产部长笑了起来，指了一下房间上方的监视器说："你们的行动我都看到了，你进入车间一直捂着鼻子，皱着眉，期间只说过一句话，而其他人更是离机器远远的，都怕弄脏了自己的衣服，请问，你们谁与工人们进行过顺畅沟通呢？唯有汉斯不同，他并没将自己看成高人一等的工程师，而是当成了工人中的一员，与机器、同事完全没隔阂。"斯塔莱斯等人无言以对。

曾经有位聪明人说过：永远不要让不如自己的人在你面前弯腰低头。这其实就是告诉我们，请在沟通中放下我们自己的身段，只有我们不摆出高架子，他人才能从心理上接受我们，而那种由内心散发的尊重才是最光辉、明亮的真实感受。

试看历史中的名人轶事，那些能成就大业，可以受他人尊重的人，无不是将自己的身段放低而收获成功的。比如周文王弃车躬请姜子牙、刘备三赴隆中请诸葛亮……如果这些身居高位，有着显赫身世的人，都不能放下自己的身段，不能对比自己身份低下的人躬身弯腰，那历史就要是另一种景象了。

也许，有些人会想，我如果放低了自己的身段，那就等于给了别人傲慢的机会。他们会因此而轻视我，慢待于我，所以，不管是寻找工作还是拓展人际关系，总是要居高自傲。但事实是，这种行为得不到良好的效果，不但让自己交际圈变小，与他人沟通也成为障碍，想要实现与他人的良好互动也变得不容易起来。

这很容易理解，当我们以高位出现，明显高于对方，气势咄咄逼人的时候，对方是会感到紧张、反感甚至是厌倦的。会让他们想要远离，甚至与我们唱反调。如此，不要说人们对我们有没有尊重，就连最基本的对话都难以进行。可是，如果我们放低自己的身段，保持大气、谦虚、朴实的交流方式，对方内心则会收到可靠、尊重、亲切的心理感受。所谓你敬我一尺，我还你一丈，自然我们所收获的沟通效果、尊重程度都不一样了。

善于沟通者从来不会因为身份的不对等而出现沟通不畅，他们最清楚，在与人沟通的过程中，放下身段就等同于向别人索求尊重，而且是别人发自内心一定会给的尊重。这只会更有利于沟通，让沟通更加顺畅。

所以，学会放下身段与人沟通是一门学问，它只属于智慧的聪明者，而且这绝不是懦弱的表现。因为谦恭让他人更加尊重，因为礼让使我们本身受益匪浅。放下了身段，我们就拥有了新的境界，让我们更踏实、坚定地攀向成功。

# 低头认错并不丢人，丢人的是错了还不承认

古语说：人非圣贤，孰能无过？确实，在人的一生当中，谁也不能保证自己不犯错误。既然人人都要犯错，也就是说“错误”是人生不可避免的行为之一。人生不应该害怕犯错，但却要注重面对错误的态度。特别是在与人沟通的过程中，对待错误的态度直接决定着我们沟通的成败与否。因为，当我们勇于承认自己的错误时，对方就会从中看出我们的诚意，了解我们为人的坦率，从而更愿意与我们进行交流，相反，则会弃我们而去。

吉姆伯克曾经担任强生公司首席执行官一职，可就在他任职期间，强生公司发生了一件大事。当时公司研制的非处方止痛药“泰诺”在市场上的反应非常好，而且百姓也很认可它的疗效。可就在此药卖得最好的时候，突然发生了药物中毒致死事件。当时，有 7 个人因为服用这种药物而死亡。

事情一出，立刻引起轩然大波。百姓对强生公司开始持怀疑态度，当局也对事件进行了全面调查。但最后得出结论，这是一起恶性事件，有人出于破坏强生公司声誉的做法，用针头向“泰诺”药瓶中注射了氰化钾。这当然不是强生公司的错，应该追究的是破坏者才对。

但是，吉姆伯克并没有将责任全部推掉，他公然站出来向民众承认错误。通过电视台，他诚恳地说：“之所以发生这样的事，都是我们公司用的药瓶不好，很容易让人打开，并从中做了手脚。这是我们强生公司的错误，我在这里要向大家道歉。”

不仅如此，吉姆伯克还告诉所有的百姓，强生公司将马上研制新的安全药瓶，

如果药瓶被人打开过，就可以轻松被人们发现，而过去旧的泰诺则不再生产，市场销售的旧泰诺也将全部撤回销毁。百姓们可以将家中的旧泰诺拿出来，直接调换全新的泰诺药物。

对于强生公司来说，这种做法是一个非常大的损失。全部泰诺药物撤回，导致强生公司直接损失接近 1 亿美元。吉姆伯克甚至表示，为了表达自己的歉意，这件事处理完之后，他就下台。

但事实是，强生公司处理这件事的方法让百姓非常赞同，他们不仅更看好吉姆伯克，而且也对强生公司更加信任。公司的其他产品受到百姓的一致拥护，包括强生公司的股票，也随之大幅升值。不到一天的时间，强生公司所损失的 1 亿美元损失就被全部挽回。

由此，我们可以看出，在与他人进行沟通过程中，勇于认错是非常有利于自己的行为，它不仅不会影响自己的声誉，反而会提升自己在他人心目中的形象。吉姆伯克就用认错的态度得到了民众的支持，并成功为强生公司开拓出新局面。卡耐基认为，敢于认错的人是世界上最勇敢的人。而那些世界上的伟人，无不是在错误面前勇敢、快速承认错误的。这种行为丝毫不能减少伟人的高大，只会让他们更受人尊重与爱戴。

只不过，总有那么一些自以为聪明的人，在错误面前宁肯死扛也不认错。他们认为认错是对自己的损失，宁愿与人捉迷藏也不想成为认错者。这种行为事实上非常有损自己的威望与凝聚力，会让身边的人逐渐远离，更会让其他人不敢靠近。而且如果明明有错，却死扛不愿承认，就会造成与沟通者之间的关系紧张，甚至到最后只能一拍两散，无法实现有效的沟通。

其实，犯一点错误不可怕，只要敢于认错，勇于改正，大多数的人都会给予谅解的。这不但能完善自我，还能让当事者以及其他人从中看到我们身上可贵的品质，进而愿意与我们相处，与我们继续沟通，从而建立良好的人际关系。我们有时因为爱面子，怕讲出自己的错误而受到对方的不理解与蔑视，因而只强调自己的优点，回避自己的缺点。这样给人的印象并不是完美的，反而会让对方感觉我们虚荣心强、不真诚，在沟通过程中就会格外留意我们，这显然无益于沟通顺利进行，更不可能给我们带来任何好处。

要知道，当我们犯了错误时，就如同在脸上点了一个墨点。我们虽然极力回避不照镜子，不自我发现，但他人却一眼可见这个墨点，我们越想掩饰就越会让对方更加注意观察。所以，我们倒不如大方地承认，并真诚地将其擦拭。如此，对方在我们身上读到的除了朴实、真诚，更有上进与勇敢。

太多的事实证明，低头认错并不丢人，丢人的是犯了错还不承认。所以，人的一生，不论是待人接物，还是处世为人，都应该注重自己与“认错”之间的关系。聪明者的做法，永远选择前者，大胆承认错误，放下自尊去改正，并检查自己的不足。否则，不要说无法与他人正常沟通，我们还会因为本身美德的消失而使他人不愿走近。

# 只有高度一致才能沟通无阻

有句话说，态度决定一切。确实，不论什么时候，我们都需要保持良好的心态。特别是与人沟通时，如果心态作祟，致使出言不逊，那就容易变为事难成、沟通无望的事实。因为沟通是必须建立在双方信任、了解、平等基础之上的。只有双方达到以上应有因素，才可能产生良好、积极的互动。一方气势凌人，一方唯唯诺诺，是算不上沟通的，只能被称为命令。

法国某著名大集团总裁沟通能力极强，深受他人尊重。据说，只要这位总裁出面，就没有谈不成的生意，更没有达不成的合作。

有一次，电视台记者对这位总裁进行了采访。

记者问："是什么让您如此成功呢？"

那位总裁笑了笑，说："没什么特别的诀窍，不过是与人达成充分沟通而已。"

记者想了想，说："这么讲的话，就是成功的诀窍在沟通之中？"

总裁点点头，说："可以这么说，只要沟通顺利，我相信一切都有可能。"

"那么，与人顺利沟通的诀窍是什么呢？"记者穷追猛打。

"平等是唯一的诀窍。"总裁简短地说。

"那您能给我们讲讲你是如何运用平等这一诀窍的吗？"记者继续说。

总裁沉思了一会儿，说："我给你讲个故事。上学时，我与导师一起去一家餐厅吃饭。用餐快要结束的时候，导师突然对服务员说：'请帮我将烹制牛排的厨师叫来可以吗？'服务员看了看导师跟前的盘子，里面的牛排只吃了一半，另一半则留在那里。他以为导师吃得并不愉快，再三说不好意思。但是，当厨师来到餐厅并一脸紧张地看着导师时，导师却站了起来，说：‘真不好意思。牛排做得非常好吃。但是，我今年70岁了，我的胃口已经不允许我再吃大量的食物。所以，我要告诉你，不是你牛排做得不好，而是我的问题，我必须要剩下一半。’厨师听完，眼里闪着感激的泪光，非常诚恳地说：‘如果您下次还来用餐，请让人告诉我一下，我会烹制适合您饭量的牛排’。”

说到这里，那位总裁直了直身体，对记者继续说：“我后来问过导师为什么要特意向一位厨师说明原因。导师告诉我，如果我不说明原因，厨师就会产生挫败感，认为自己的烹饪水平不好，甚至还会认为我是挑剔的顾客，从而在心里埋怨我。而我告诉他真相，就是因为我们做人必须要时刻为他人着想，不论什么事都要推己及人。这就是我从导师身上学来的诀窍。没想到，我将它用在沟通中非常好用。”

是的，时刻为他人着想，由己及人就是最好的沟通方法，而这种由己及人最好的表现就在于同对方保持同等高度上。如果我们口口声声说自己与对方高度相同，为他人着想，却在语言、气势、态度、行为等方面表现出冒犯或者居高临下的姿态，就会给对方带来不开心，就会让对方感觉不受尊重，这自然无益于沟通的顺畅。

一个人可以设身处地为他人着想，将理解与认同至上，必将会受到他人由衷尊重的。如果我们在沟通中给对方同一高度，对方就会因此产生信任、感激、尊敬以及积极的回馈。这是沟通良好的桥梁，它能让我们与沟通者达成共识，建立彼此互信的平台。

这种将对方与自己放于同一高度的沟通方式，其实就是一种换位思考。这可以让我们快速达成与对方的良性沟通，得到对方的认同价值。而如果我们总在内心看不起对方，总自视比别人高一头。那么，我们在心态上就会产生不平等对待，从而突现自我优势，贬低他人的存在感，这样的沟通是没有办法顺利进行的。

英国有句谚语说：“要想知道别人的鞋子合不合脚，穿上别人的鞋子走1英里。”这就是设身处地理解他人感受的行为：从对方的立场出发，达成自己的目的。所以，善于沟通的人，总是会多替他人的处境考虑，将心比心，站在对方的立场

来看待问题。相同的高度是清楚、明了对方感受的开始，我们唯有保持这一高度的平衡，沟通起来才会更顺畅，更有效。不好直接表达的，那就在语言上“转弯”。

很多时候，在沟通过程中，我们都会遇到难以说出口或者难以回答的问题。对于这种时刻，直接闭口不言或者直话直说都不是高明的应对方法。因为我们不回答问题会让对方尴尬，而我们若直接回答又会让自己不好意思。

不过，对于善于沟通的人却并不是难事。因为，遇到不好直接表达的问题，善于沟通者可以通过“转弯”的说话方式表达出来。这种说话“转弯”的好处就在于既能表现我们谈话者的智慧，又难让对方感觉到满意。语言“转弯”如同一种迂回战术，它能让我们一点一点接近沟通目标，又可以将沟通推向一种很高的境界。

看看那些有名气的人，无不是这样委婉表现自己的高手。

素有“世界球王”之称的贝利，不仅球技了得，而且说话艺术也堪称经典。

接受过无数采访，回答过无数刁钻问题的贝利，对与记者以及观众的沟通，已经研究透彻，非常娴熟。

有一次，贝利打破了自己进球一千个的纪录。这本是值得高兴的事。但是，记者却给他出了道难题：“贝利先生，你认为自己所有的进球中，哪一个踢得最好？”

显然，这是一种没有办法比较的问题，不管怎么回答都显然不够理想。贝利却很轻松，笑着对大家说：“下一个才是最好的。”

全场哄然大笑，认为贝利的话不仅有思想而且含义深远，极具吸引力和感染力。

与贝利相比，中国作家协会副主席陆文夫在沟通方面也毫不逊色。

他在美国纽约参加第 48 届国际笔会时，有记者问他：“陆先生，您对性怎么看？”

这明显是让人难堪的问题。在性这个问题上，中国人一直讳莫如深。如果回答得不好，或者显出不好意思，他就很可能引起他人的嘲笑。

陆文夫并没有多想，直接回答说：“西方朋友在接受礼物时，往往会当着送礼人的面打开看，而我们中国人恰恰相反，一般都要等到客人离开之后才打开礼物的盒子。”

陆文夫生动的借喻赢得了大家的掌声，同时还巧妙化解了棘手的问题，更将中西文化的不同婉转地表达出来，不可谓不精彩。

应该说，说话“转弯”既是一门艺术，更是一种策略。我们必须要掌握这门学问，从而让自己在人际交往中无往不利。

有人说，做人一定要正直、坦率，有话就要直说，不能转弯抹角。或许这种说法并没有错，但我们是否想过，一个人说话过于直接，是不是容易产生唐突或者致使他人产生内心抵触呢？有时我们有话直说虽然很轻松，但听的人却因此而增加心理压力。这对于沟通的顺畅是没有丝毫益处的，倒是委婉的“转弯”，沟通双方才会更加平和、友好。

当然，这并不是说“转弯”式的委婉说话技巧才是沟通的最高境界，但作为一种口才技巧，我们应该将其视为沟通中的点睛之笔。在适当的时候，适当的人面前，适当地运用它，就可以减少对他人的伤害、损伤，更能轻松化解尴尬的谈话氛围。

毕竟，在与人沟通时，如果我们因为过于坦率而过早地暴露自己的意图，就没有办法达成最终目标。毕竟，每个处于沟通中的人都有其要守的底线，我们说很多话，无非就是达到自己的要求。直来直往的效果只会让我们失去底线的坚守，自然就不利于沟通。

当然，这种委婉的说话方式不只是对领导、同事，哪怕是家人、朋友也一样适用。因为越是良好的关系，越要注重呵护。能用言外之意、弦外之音来表达自己意见或者反对的就坚决不要用有话直说来直接冲击对方的情绪。同样是一个意思，说得太过直接往往将对方逼入绝境，从而失去缓和的机会。

卡耐基在《人性的弱点》中说过，每个人都有与他人意见不相符的时候，每个人都有强烈的自尊心与面子观念。我们如果过于直接，可能就会让对方感觉颜面尽失，自尊全无。而如果能委婉、曲折地间接表达，那效果也就不同了。可见，直接与“转弯”在沟通中就犹如石头和羽毛。我们与其抱着石头直接去撞击对方，远不如用羽毛挠一下对方的痒，让他自然而然地笑出来，如此一来，沟通才会变得进退自如。

## 绝不在该讲爱心的地方生硬地讲道理

很多时候，人们总将沟通视为口头上的行为。其实不然，人与人之间交流、联系，甚至是产生影响，都是沟通的一种方式。因此，沟通中除了“晓之以理”，还应该学会“动之以情”。特别是当沟通中产生了扭曲信息以及其他干扰时，直接通过情感来传达自己的思想，纠正沟通中的误解也就非常必要了。

这也就是说，沟通绝不能仅仅停留在与对方的谈话上，而是要将它融入个人意识，进行深刻影响他人的行为。这是沟通能力的提升，更是对沟通微妙的理解。

威廉·比尔是美国一位非常著名的记者。他从小是个孤儿，在10岁的时候便以卖报为生。他曾经告诉别人：“有时候，讲道理不如直接讲爱，不管这份爱来自于亲情、友情、爱情甚至是同情，它比道理更能影响人。”

原来，在10岁那年，比尔遭遇过一次被人欺负的事。当时，他在电车站卖报，一个胖胖的高大男人从他身边经过，顺手拿走了他两份报纸，不但一分钱没给，还戏弄他，说：“有本事就来我这里抢啊！”说完，那个人便上了电车。

看着人高马大的胖男人，瘦小无依的比尔只能独自流泪。可是，他内心是愤怒的，小声地咒骂那个人：“真没人性！”

就在这时，一位手拿玫瑰花的女人站在他身边。她抚摸了一下他的头，温和地说：“孩子，不要难过，这件事的经过我都看到了。你等一下。”

说完，女人便对自己的车夫说：“去把钱要回来。”车夫点点头，马上朝电车开走的方向追去。

比尔几乎不敢相信自己的眼睛，因为这拿玫瑰花的女人正是美国人都知道的大明星梅·欧文。就在比尔发呆的时候，那位车夫回来了，对着比尔伸出手，手心里竟是一枚硬币。他说："我追上那个胖家伙，对他左右开弓，打得他两眼冒金星。他乖乖付了报纸的钱。"说着，车夫将硬币放到了比尔手里。

"孩子，你一定要记住，虽然有时候我们会遇到坏人，但这不代表所有的人，因为还有像你、我、他这样的好人，对不对？"梅·欧文抚摸着比尔的头，亲切地说。

比尔长大后，回忆起这件事，说："其实，我知道，那位车夫不可能追上电车，但是他们的行为却对我弱小的心灵给予了安慰。因为这样的爱，我才有勇气面对现实，并始终做个正直的好人。"

这就是沟通的魅力。梅·欧文与车夫演了一出双簧，用最恰当的、充满爱的方式，将最正确的人生观传达给比尔，并让他能够坚信：世界上还是好人多，我们应该学会为他人考虑。这种沟通方式不仅是一种爱的付出，更是一种智慧的表达。如果梅·欧文只是拿出一枚硬币给比尔，告诉他依旧要多替别人着想，要正直做人，无疑很难达到效果。倒是这种以行为来进行沟通的方式，用爱传达的方式，却给了比尔最好的教育。

毕竟，人是感性的动物，我们会被真诚所打动，也会用心去为他人着想。所以，在与他人进行沟通时，遇到不能用道理来讲清楚的事情，不能用道理来沟通的现实，不妨拿出爱来沟通。爱的力量不仅仅是打动别人，更能让沟通中的我们进退自如。

在职场，还有这样一句话：你是怎样对待员工的，员工就是怎样对待顾客的。这其实就是一种爱的表达与沟通。在很多服务型企业，这种爱的沟通被反复验证着。其道理显而易见，一名企业管理人员，如果不能为手下员工设身处地着想，员工必定会心存怨言。此时，再正确的道理，再励志的语言，都难以走进员工的心中去。用爱去沟通，用爱去理解，员工却会自动甘于遵守企业的若干规定，并始终保持向上的良好心态。

我们要让自己变得优秀，让自己的优秀为人所认同，就要明白，很多时候，在沟通过程中，与其运用长篇大论讲道理，不如以情感人。因为，这种情可以是博爱、无私，也可是同情、怜悯，情感的表达就是让爱心传递，从而达到与对方的情感交流。这种沟通方式更容易深入对方的内心，更能收获冲道理所不能取得的效果。有了这种沟通，我们还担心别人不认同吗？我们还担心自己无法施展才华吗？

在该用爱来解决问题的地方，绝对不去讲道理，该用情感诉诸需求的时候，绝对不去用理论。这是做人的一种境界，也是善于沟通者始终展现自己优秀的秘诀所在。

# 手势，是“无声胜有声”的沟通

在沟通过程中，手势被视为最重要、最常用的一种肢体语言。我们稍加留意就会发现，不论是政治家，还是演说家，或者是演员，甚至普通民众，都习惯运用有意识的手势来加强话语的表达效果。

善于沟通者都非常重视手势的作用，都会在沟通中发挥手势“无声胜有声”的作用。

美国是个移民国家，不同地区的风俗、文化各有不同。位于夏威夷的火奴鲁鲁是一个世界上少有的多种族混居区。在这里，有 1/4 以上的人都是混血，包括美国人、波利尼西亚人、中国人、朝鲜人、西班牙人、菲律宾人、日本人等。这里虽然人员复杂，却是整个夏威夷的经济、政治、商业中心，地位非常重要。

亨利·比奇的钢材贸易公司就正准备与火奴鲁鲁的一家钢铁公司进行合作，如果这次谈判得以成功，他们将会成为这片土地上唯一入驻的钢铁公司，这其中的利润空间可以想象将会是多么诱人了。不过，亨利对这个城市的人文并没什么了解，而且总怕说错话，这让他与对方公司的第一次沟通非常不顺利，合作也没有任何进展。

不过，亨利的女友对火奴鲁鲁非常了解，她在电话中听完亨利的诉苦之后，便告诉亨利：“如果想要得到火奴鲁鲁人的接受，只要会做一个手势就可以了，完全不必担心其他的问题。毕竟，人家接受你的人，才会与你展开进一步的沟通啊。”亨利连忙问：“这到底是什么手势，为什么会这么神奇？居然会让当地人接受我？”他的女友笑着说：“这个手势很简单，就是伸出一只手，将除大拇指、小指之外的 3 根手指弯曲，然后轻轻转动手部。”

亨利一头雾水，他实在不明白这是什么意思，女友却说：“这一手势就叫作‘沙卡手势’，表达的是问候，比如‘你好’‘再见’，也表达‘祝你好运’、‘祝你一天快乐’等。除了这两种意思之外，它还有一个重要的意思，那就是‘退一步海阔天空’，这也就是相互包容的意思。当地的火奴鲁鲁人非常认可这个手势，而且也总是会运用这个手势来与他人交流。你不觉得这个手势对你们的谈判来说非常适用吗？”

听完女友的话，亨利恍然大悟，他在详细了解使用原则以及正确的运用方法后，在第二次与火奴鲁鲁公司的代表交流时，真的适时便用了这个手势。没有想到，他刚一打出这个手势，就让对方笑了起来，不仅如此，对方完全没有了之前霸道的样子，反而非常友好。当谈判结束时，亨利已经与对方公司达成了初步的合作意向。

某著名的语言学专家曾说过：“过去，人们都说‘眼睛比嘴巴更会说话’，其实，眼睛根本赶不上手，所以应该说‘手比嘴巴更为会说话’才对。”这就足以表明，手势之优势已经远远超越了其他语言方式，它因为到位、包容、风度的多重表达，从而成为最受人们欢迎，也最能与人达成沟通的技巧之一。

不过，我们每一个想要通过手势达成沟通的人必须要注意，虽然手势是一种沟通“利器”，但如果运用错误，则很可能产生尴尬甚至是误解。以下几个关于手势运用的问题就是大家最应该牢记的。

1. 手势不可过多。手势的作用虽然强大，但也讲究适度。当我们不断变化手势时，可能会因为体语太多而造成他人“手舞足蹈”“不够稳重”等印象。所以，社交沟通中的手势应做到优雅、适度、含蓄，并不能占用太大空间。

2. 一定要深刻理解手势的内涵。很多手势虽然我们常用，但并不一定用得正确，比如挠头、摸嘴、揉眼睛等，常被人们理解为不解、思考、不敢相信，殊不知，对于社交中的沟通来讲，却会给人以不卫生的感受，从而回避与这样的我们握手、接触。另外，抱双臂、手插口袋、叉腰等，很多人认为会很“酷”，有助于提升形象，但不知它有拒人千里之嫌，并不利于沟通。

3. 正确对待握手。握手是每个人都用得到的手势，但应该保持它的正确运用。首先，不可用力太大，特别是对比自己纤弱的沟通者而言，这会让对方尴尬；其次，握手时间不宜太久，对于女性沟通者尤其要注重这一点。最后，握手时，如果感觉双方友好，可以抬起左手接触对方，并适当延长时间。

4. 不要追求新奇特手势。现在是互联网时代，各种手势的普及、传播很快。但为了尊重沟通者，不建议使用太多网络上的或异国手势，比如“OK”“V”等手势，因为它们在不同的国家有着不同的意思，如果我们不知道对方的禁忌，随便乱用，则会引起双方的误会。

# 四两拨千斤，服软才能“软化”人心

有个成语叫作“四两拨千斤”。它其实就是指通过以柔克刚的方式能轻松变不可能为可能。我们稍加留意，就会发现这道理在沟通中也适用——与人沟通时，我们如果以硬碰硬，就只会让沟通陷于僵局，但是，如果能适当变化策略，以服软的方式面对沟通者，就可以“软化”对方心肠，进而达成沟通的目的。

纵观古今中外，凡是聪明者，凡是善于沟通的人，都不会让双方出现以硬碰硬的“两败俱伤”结果，而是适当运用以柔克刚的方法，运用自己的智慧去处理分歧。

福特汽车公司的贸易业务非常繁忙，每天送来的各种催款单不计其数。这些单子如果都要福特看一遍的话，几乎不可能。福特每次拿到催款单，总是大致看看多少，然后将它们放在财务经理的办公桌上，说一句：“你看着办理吧！我也不知道该先付谁的更好。”

很多时候，一些公司的催款单便被压在后面，或者要推迟好久才能结账。他们对此很不满意，但又无计可施——毕竟福特公司是大公司，如果因此与之闹僵，以后也就失去了一个大顾客。

有一家公司却在反复催款之后，想出了别出心裁的方法。他们用传真将催款单发过来，上面不仅有货物规格、价格、总金额，还在最大空白处画上了一个人的头像，画中的人正在流泪，其状非常悲惨、可怜，让人一看便不由心生怜悯。

这天，福特像往常一样，随便看了一眼催款单。但是，他这次没有说“你看着办吧”，而是将那张画有流泪头像的催款单拿出来，递到财务经理跟前，“还是先给这家付款吧，以最快的方式。你看人家都流泪了，多可怜啊！”

这家在催款单上画流泪头像的公司很快收到福特公司的付款，没有花一点力气就将欠账给要来了。

我们总是说人心都是肉长的。这表明，我们已经很清楚，人是会有恻隐之心的，对于那些在自己面前流泪、哀求、诉苦的人，总难免心软。在与人沟通时，若能用这种服软的方式获得对方的同情心，在情感上引起对方的共鸣，就会很容易解决原本难以改变的问题。

与他人沟通时，我们总习惯用大道理、快语速、长篇幅等特点来显示自己强大，来证明自己达到目的的决心。这些方法对于一个比较理性的人可能管用，但对于一个感性的人却往往不起作用。此时，以服软的方法，用情感去打动对方，软化感性者的内心，便成为效果最佳的方法。

事实上，善于与人沟通的人绝不仅仅善于说话，也同样善于运用心理战术，以心理互换的方式来取得沟通的成功。因为他们很明白，示弱时的自己，可以在一定程度上强化对方心理上的满足，甚至提升对方的优越感，进而对其心灵产生触动。这也就是对方会对眼泪、哀求等形象心软，并注重满足的原因了。

现实生活中，职场之上，这样的事非常多见。如若我们在对方咄咄逼人的沟通面前，同样回以强硬不可改变的话语，就会让沟通变为以硬碰硬的尴尬，结局不仅两败俱伤，还有可能损害过去一度良好的关系。

所以，在沟通的过程中，我们如果想要成功说服对方，就要会学会适当服软，用最和悦的态度来软化对方的坚硬防卫，而不是让自己成为碰石头的鸡蛋，更不要让双方都变成石头。因为，以服软方式“软化”对方才是让沟通立于不败之地的必胜法则。

# 第二章

# 有备无患，想要赢得谈判就得做好准备工作

# 凡事预则立，谈判前要搜集对手的相关信息

凡事预则立。谈判也是如此，只有作好了深入细致的调查、准备工作，谈判才能成功。应该尽一切可能，准备好各种有关的情报资料。谈判的情报资料的研究，是建立在有关信息资料的搜集与整理基础之上的，是谈判准备阶段中可行性研究的基本工作。在谈判开始之前，对资料的搜集与分析越是充分，其可行性研究工作就越是准确。这就要求谈判者在谈判之前，尽可能更好、更多地掌握信息、占有资料。

要充分列出调查、搜集所得的情报资料，就必须依靠自己广博的知识和丰富的经验。应该考察对方以往的经历，调查他曾涉足的各项事务，了解他曾办成的每一桩买卖或者商业行为，而且还要调查清楚他未能成功的每一项交易。往往从失败的记录中来了解他们，效果并不亚于研究他们的成功记录。

从正反两方面来研究他们，有助于我们更全面地掌握、熟悉他们的思考方式、行动方式和心理倾向。总之，谈判开始以前，调查得越深入、仔细，对谈判越有利。只有掌握了深入细致的商业情报，谈判才能更好地制定战略决策，在扑朔迷离的谈判桌上争取主动权。

那么，谈判所需要的信息资料从何而来？信息又该如何搜集呢？整个社会就是一个巨大的信息场，它无时无刻不在向外辐射着各种信息！关键在于，你是否有足够敏锐的感觉力，是否能够准确、迅速地捕捉到自己所需要的信息。你可以正儿八经地通过调查访问、查阅各种资料获得信息，收取情报，但你只要做一个有心人，多留一份心，你会发现，日常生活中也会赋予你许多谈判中所需要的信

息。你有可能在咖啡屋小憩时，从别人的谈话中，意外地获得你所需要的信息；也有可能在与朋友出外游玩，通过闲聊而偶获信息；甚至可能从一件看似与自己的生意毫不相关的日常小事中，突受启发而获得信息。

## 一、你应该搜集的资料

商务谈判所需要的信息、情报主要包括对方公司的资信情况、近期市场状况以及对方谈判人员的有关资料。

### 1. 对方公司的资信情况

在举行商务谈判之前，首先要弄清楚对方公司的资信情况。资信包括两个方面的含义：一是对方的合法资格，二是对方的资本信用与履约能力。对谈判对方的资信审查包就包括上述两个方面的审查。

对谈判对方合法资格的审查包括两项内容：

第一，对方公司的法人资格；

第二，前来谈判的客商的代表资格或签约资格。所谓法人，就是在法律上具有人格的实体。要成为法人必须符合三个条件：

法人必须有自己的组织机构、名称和固定的营业场所，组织机构决定和执行法人的各项事务；法人必须有自己的财产，这是其参加经济活动的物质基础与保证；法人必须具有权利能力和行为能力。前者是指法人可以享受权利和承担义务，后者是指法人可以通过自己的行为享有权利和承担义务。

企业在满足了上述条件以后，在某个国家进行注册登记，通过登记即成为该国的法人。

对对方法人资格的审查可以要求对方提供有关文件，如成立的注册登记证明、法人所属资格证明等。在拿到有关证明文件以后，要查清以下一些问题：要弄清对方法人的组织性质，是有限公司还是无限责任公司，是母公司还是子公司或是分公司。公司的组织性质不同，所承担的责任是不一样的；要弄清楚对方的法定名称、管理中心地、主要的营业地；要确认其法人的国籍，即受哪一国的法律管辖。

对于对方法人资格的审查，还可以通过其他的手段和途径进行验证。可以通过对方所在国有资格的咨询部门，代为调查。也可以通过与对方非正式的接触，穿插地向对方了解己方所需要了解的问题。

对前来谈判的客商应进行代表资格或签约资格审查。并非公司企业中的任何人都有资格代表该企业对外谈判签约。从法律的角度讲，一个企业能够代表对外签约的只能是董事长或总经理。企业或公司对其工作人员超越授权范围或根本没有授权而对外签约应承担的义务概不负责。

在商务谈判中，经常出现某一企业的职员以企业或公司的名义，到处招摇撞骗的情况。因而，在谈判签约前，应要求对方出示法定代表资格的文件，如授权书、委托书等，以证明其确是合法代表人。

对谈判对方的资本状况的审查主要是审查对方的注册资本、资产负债表、收支状况、销售状况、资金状况等有关文件。

对对方商业信誉与履约能力的审查，主要是考查对方在以往经营活动中的表现，包括对公司的经营历史、经营作风、产品的市场声誉与金融机构及其他公司企业之间的交易关系等的考察。

在开始谈判磋商之前，一定要通过各种渠道弄清楚谈判对方的资信情况。否则，必然导致在谈判中处于被动地位乃至失败，甚至上当受骗而后悔不迭。

### 2. 近期市场状况

对有关商务谈判的市场状况了解得越多、越详细，无疑在谈判中会处于有利地位，会提高己方的谈判实力。详细掌握近期市场状况，可以使谈判者在谈判中言之有据，说话有分量，为谈判者谈判目标的确立提供可靠的依据。了解近期市场状况，尤其是搜集对方公司近几年技术和设备在国际和国内市场上的销售情况，通过分析市场销售信息，可以判断对方技术进步、经营方针和价格政策。如果能搜集到对方公司近期在某项目或某工程上投标成功或失败的情况，对己方谈判则更为有利。了解对方公司竞争的市场行情，则能为己方在谈判中增添一个有力的讨价还价的砝码。

市场状况瞬息万变，谈判者所要了解的市场行情应该是最新的或尽量新的，否则，世易时移，即便是掌握了许多情报，也是毫无作用，甚至是因情报过时而导致决策失误、损失惨重。

### 3. 对方谈判人员状况

谈判尽管是在企业之间进行，代表企业的利益，然而，谈判过程的具体交涉，却是由特定的谈判人员进行的。他们都有自己独特的性格、气质、兴趣和经历，有不同的处事态度和思维方式，谈判的成功不光要对对方公司资信情况和市场状况作细致的了解，还要对对方谈判人员的情况有详细的了解。在某些情况下，对对方谈判人员状况的把握，其重要性并不亚于对对方公司资信情况的了解。

通常而言，一个人的长处是他最熟悉、最易理解的领域。如果掌握了对方谈判者的这一情报，在谈判的时候，以其长处开始和他交谈，他就有话可谈，也容易谈到一起，接受你的观点。谈判从对方最感兴趣的地方入手，打开他的“话匣子”，就能为正式涉入主题创造良好的条件，容易达到谈判的目的。

## 二、好资料的来源

在利用资料之前有三个实质性步骤。首先，必须知道是否有资料和资料在哪儿？其次，必须能够接触到它；第三，必须有组织地接受它。你肯定会说这是人所共知的，是的，不过有许多普通的道理却很容易被忘掉。遗憾的是，知识绝不是免费的。经理们可能只是口头上说说知识的重要性，但却不准备花必要的钱。要知道存贮和利用信息是需要钱的。

买主和卖主可以利用大量的公开资料。在当今这个通讯和计算机很发达的社会里，我们的业务和个人履历很多都像一本打开的书。诸如抵押、留置权、法律判决、设备改进、合同授予、税收和追踪记录这些公开记录，任何人都可以利用。通过信用调查、股东报告，可以得到财务数据。公司的组织指南、电话簿和内部报纸都很容易获得。其他资料来源还包括报纸、简报、政府研究报告、人名录、行业协会会刊和期刊。大多数资料都能以很低的费用获取，但公司并未有组织地收集它们。谈判人员应有利用内部历史档案的权利，他也随时准备接触其对手的成绩记录。履约历史、交货记录和以前的质量问题能帮助你做出较好的判断。

谈判人员应该知道正在与对手公司进行的其他业务的状况。在某种程度上，人是可以预测的，他们容易重复所用过的战术。为此，简要地描述以前的战术是有价值的。这样一种记录能够对将会发生的麻烦提出预告。

资料库只有把其中的材料与使用它的人联系起来，才有价值。档案应该服务于一种目的，那就是增加谈判的力量。它应该描述对方需要什么、他的成员都是谁、他们的谈判风格以及公司的强项和弱点。

当卖主不想提供价格分析资料时，买主如何才能得到它呢？下面的建议不妨试一试：

（1）用提供程序、政策和法律规定来帮助买主做买卖。

（2）把采购员甲与采购员乙连在一起。卖主可能做出决定。他的最大利益在于提供资料。

（3）向更高一级当局提出抗议。

（4）如果不能得到全部，那么就要一部分，至少总比没有强。

（5）施加法律压力。

（6）拖延订货。

（7）指出卖主的竞争者正在提供价格分析资料。

买主应该记住，不是推销员本人拒绝提供资料，而是他组织中的人。当卖方明白了他们的长期利益处于危险之中时，买主便很快可以得到费用分析资料。

卖主能避免给出他的费用和价格分析资料吗？不太容易，但下面这些对策可以用来阻止买主的要求，甚至是最顽固的买主也能被挫败：

（1）有关不允许分析的公司书面政策。

（2）拿不到详细的资料。

（3）提供用处不太大的数据。

（4）以准备数据为借口长期拖延。

（5）向买主解释不能提供数据的原因是怕贸易秘密或者专有资料被泄漏给

竞争者；

（6）把高费用与分析资料捆在一起；

（7）由卖主组织中的高级官员来解释“我们要对付竞争，否则我们便失去“买卖”的政策。

卖主给多少资料往往取决于他的坚决程度，坚持说坚定而圆滑的“不”，便可奏效。

我们将大堆的情报搜集起来了，然而它们并非全部有用、全部准确。面对众多的情报资料，首要任务是寻求有用的资料。通过去伪存真，将有用、真实的情报，经过浓缩后存储，将错误的和可有可无的情报予以剔除。

去伪存真，必须先鉴别出什么是伪情报，伪情报具有如下特征：

假象。事物出现常常伴随着玫瑰色的假象出现，表面现象往往是虚假的、夸大，满足于个别的、局部的现象，以点代面，以偏概全。

空洞。没有事实根据，或者根据虚假性情报得出的情报。

偏颇。过于注重影响事物的某一因素，忽视其他因素（特别是那些一时被认为是无关紧要的因素）。而有趣的是，环境是变化的，影响因素的主次地位也在变化。

拼凑。在时间和空间上发生偏差和混乱，情报材料张冠李戴；或者把加工者的人为分析当作初始状态的情报，主观拼凑，结果是“失之毫厘，谬以千里。”

歪曲。在加工的过程中，受外在因素的干扰，不是通过情报的分析加工得出科学结论，而是为了论证某种既定观点，对情报作断章取义的曲解性加工。

经过了去伪存真这道工序，我们便得到了真的情报。真伪情报虽然能反映事物的本质并可直接利用，但大多数却还是处于零碎状态的信息点，尽管有用，但并不一定有效。只有将所有信息点串联起来，形成信息线，乃至发展成信息面，这些零碎的情报才能发挥它们的功效。

为此，可以通过归纳法（以经验材料为基础、从个别推导到一般的逻辑方法）、演绎法（从一般到个别的逻辑推理方法）、比较法（辨认对象之间的相同点和相异点的逻辑方法）对情报进行加工整理，以提高情报的有效使用性。

## 三、保护你的秘密

自然，任何谈判者都希望尽量多地了解对手的情报，希望对手尽量少地了解己方的秘密，以便在谈判中处于有利的地位。为此在搜集信息的过程中，还必须采取各种措施帮助减少商业秘密的泄露。

商业竞争最阴险的一面，大概是偷挖其他公司的专家雇员。为了能在竞争中领先，一个公司可以雇用代理人用高薪收买关键人物。当然，这是一种正常的商业风险，没有几家公司能提供足够的保护来阻止它。

这种刺探的最危险形式是公司征募竞争者的雇员，并要求他保留其在第一雇主那里的那份工作，当然也接受其新雇主的聘金。从实际意义上讲，这个雇员已经成为间谍。即使他在最终寻找到他的新工作之前并没有向其新雇主传递过任何情报。他可能很好地潜伏一年或更长的时间，当一项具体研究进行到最后阶段时他便会带着装得满满的钱包和文件袋离开。

在我们这个时代，渗透的方式和所获得的资料已发展到几乎不能令人理解的程度。缩微照相、窃听器、远距离照相机、磁带录音机、计算机化的信息存储与传递，以及这些手段的组合，已经使工业间谍能轻而易举地完成他的任务。如果这些获取情报的手段被专家所掌握，那么它就会成为严重威胁。

有一家公司的董事极为偶然地发现他的台灯有一条备用引线。经安全人员检查发现，这条引线穿过墙壁和导管直达屋顶。导线的一端装有麦克风，一端装有发射器。

擦窗人和办公室清扫工以及低薪办事员，常常被利用来干这种事。只用50元或者等价的东西，就可说服一女清洁工把窃听器塞到桌下。废纸篓也被证明是工业间谍的情报源，它能使他从中拼合出大量有用情报。

在谈判中工业刺探的诱惑力极大。恐怕没有什么地方能比这里的利害关系更大，收益更快了。你可以设想如果买主能刺探出卖主可接受的最低价格是多么重要。对巨额交易来说，这种情报可能值几百万元，而往往获取这一情报的投资不过才几十元。聪明的高中生也会利用这种技术。

从谈判角度来说，应取严格、严肃的保密政策。这种政策从突出保护情报的必要性态度开始。若不给那些责任人以足够的钱和执行权，便谈不上保密。在指定雇员参加大型谈判之前，要对其进行严格的筛选，要建立严格的情报收集、分析和保存安全的程序，只给那些需要知道的人以接触数据的机会，同时也要严格控制进入工作区的人员。严肃的保密政策对违背公众利益的东西持强硬立场，它可杜绝任何形式的泄密。

保密也是种思想状态。它要求人们关心他们所干的工作，对工业间谍的危险不要太轻视，这应从公司的领导做起。如果公司领导都不关心这些事，别人更不会去管。

下述规则有助于将工业间谍的风险降到最低，但不可能绝对消灭它：

（1）选择性情稳定、嘴严的人。

（2）强调沉默的必要性。

（3）不要让不必要的人接触数据。

（4）让那些需要知道的人只知道他应该知道的那部分，不要超出这一范围。

（5）如有可能，要确定现存的违背公众利益的东西，要富于想象。

（6）对行贿要及时报告，任何人不得例外。

（7）向对方提供数据要尽可能少，除非为了战术上的考虑才显得大方。

（8）在本组织内部保持一个顺畅的通讯网，以便了解对手在挖什么及其目的。

（9）以保密方式来处理所有的支持性材料，注意收藏和保管，决不可随意乱放。

（10）要转移核心小组会并且不在旅馆房间讨论谈判业务，这些房间可能被窃听。

（11）对编制重要报价的工作组要进行隔离。美国微软公司曾经把 30 人隔离在一处海滨胜地，让他们为编制一项 10 亿美元的报价而工作了一个月。

（12）让很少几个人知道最终标价。

（13）及时惩戒违反保密制度者。

（14）有时通过看门人或其他服务人员能最容易地接触保密情报，要注意防止这种渗透。

是否显得对保密过分谨慎了呢？是有必要这么做的。多数买主和推销员，特别是那些大公司里的这些人，都生活在一个理想世界里，他们忽视谈判中间谍和窃听的可能性，这大概是因为他们不曾想到会发生这些事。工业间谍在谈判中已成为不断增长的事实。关系如此厉害，费用又是如此之低才使其成为不可避免。

# 确立谈判目标，谈判才能有的放矢

谈判前不设立目标就急于谈判，就好像没弄清靶子在哪里就射箭一样，结果只能是一事无成。谈判者只有明了谈判目标之后，才能清楚自己努力的方向，才能在谈判过程中把握住分寸，才能保证谈判的顺利完成。正如卡耐基所说：“在筑墙之前，你就应该把什么圈出去，把什么圈进来。”在谈判之前，你必须有目标在胸，心中有数，才能应付自如。

一般的商务谈判而言，很少有单对单的谈判，一般是在谈判小组之间进行。为了使谈判富有成果，就必须让谈判小组的成员在谈判中协调配合，步调一致，否则，各说各的一套，漏洞百出，矛盾四伏，不会有什么好结果。谈判目标这时就起到了规范谈判小组成员行动的作用。

确立了谈判目标，谈判小组成员就有了共同的努力方向，他们不再是分散的、盲目的谈判者个人，而是朝同一个目标努力的一个群体，谈判目标能使谈判小组成员更好地发挥合力作用，减少矛盾和冲突。

对谈判目标的确立，分为若干层次，这样才能更好地在谈判中机动灵活地视具体的谈判情形选择不同层次的目标：

### 1. 基本目标

这是必须达到的目标。在谈判中，这样的目标是不可放弃的，必须坚持。在谈判全过程中，谈判人员要不惜代价保证达到基本目标，否则就放弃谈判。

### 2. 最优期望目标

在商务谈判中，最优期望目标是指谈判者力争达到对他最有利的一种理想目标，它在满足谈判者实际需求利益之外，还有一个额外的增加值。当然，在实际的谈判活动中，谈判一方的最优期望目标一般是单方面的可望而不可即的理想点，很少有实现的可能性。因为谈判是各方利益相互兼顾和重新分配的过程，没有哪个谈判者会心甘情愿地拱手把全部利益让给他的对手。同样，任何一个谈判者也不可能指望在每个场合的谈判中独占鳌头。

这种最优期望目标，又被谈判行家称为乐于达成的目标，老练的谈判者在必要时可以放弃这一目标。

### 3. 可交易目标

这类目标机动性很大。在谈判中，基本目标与最优期望目标之间有着必然的内在联系，表面上似乎一开始要价就很高，往往提出己方的最优期望目标。实际上这是一种策略，目的是为了保护基本目标或可交易目标。这样做的实际效果是往往超出谈判者最低限度的需求，然后通过谈判双方反复来回讨价还价，最终可能在基本目标与最优期望目标之间选择一个中间值，即可交易目标。

可交易目标虽不是硬性目标，但作用非常大。建立这个目标的用意首先在于，在谈判中它起到一种交易作用。这个目标的提出和放弃是为了换取其他目标的实现。谈判者放弃它不会带来实质性的损失。其次，这个目标在谈判中具有迷惑作用，使谈判对方产生错觉。当然，可交易目标绝不是任意提出来的，它必须精心设计和塑造，不能让谈判对手轻易识破，否则就不能起到应有的作用。

这种可交易目标，实际上是一种弹性目标。目标富有弹性，谈判即能随机应变，随风转舵，获胜的可能性较大。对于买方来说，最优期望目标即为弹性目标的下限，基本目标即为弹性目标的上限。对于卖方来说，最优期望目标为弹性目标的上限，基本目标为弹性目标的下限。

谈判目标应当明确、可靠、易于把握，经过努力可以实现。为此，制订谈判目标应符合下列要求：

时限性。系指谈判目标只在一定期限内是恰当的。很明显，未明确规定时间界限的目标是毫无意义的。

数量化。这是指应尽可能使谈判目标数量化，这样的目标才易于把握和核查。当然，并非所有目标都能量化，一些值得追逐的目标只能用定性的条件来表达。

可靠性。这是指选择的目标水平是从实际出发的，充分考虑了企业的资源条件和谈判人员的谈判水平，当然，可靠性并不意味着低水平、低要求，而是指经过奋斗可以实现的。

协调性：这是指各项具体目标之间应该是协调一致的，而不是互相矛盾、相互抵触的。

请看美国杜邦矿业公司向 K 公司购买矿用汽车时，谈判小组事先设立的谈判目标：

### 1. 技术要求

（1）矿用汽车车架运行 15000 小时仍不开裂；

（2）在气温为 -40℃条件下，矿用汽车发动机停止运转 8 小时以上，在接入 220 伏电源后，发动机能在 30 分钟内启动；

（3）矿用汽车的出动率达 85%以上。

### 2. 试验期考核指标

（1）一台矿用汽车试验 10 个月（包括 1 个严寒的冬季）；

（2）出动率达 85%以上；

（3）车辆运行 3750 小时，行程 31250 公里；

（4）运输量达到 312500 立方米。

### 3. 技术转让内容和技术转让深度

（1）利用购买 29 台车为筹码，K 公司无偿（不作价）地转让车架、厢斗、举升缸、转向缸、总装调试等技术；

（2）技术文件包括：图纸、工艺卡片、技术标准、外购件明细、零件目录手册、专用工具、专用工装、维修使用手册等。

**4. 价格**

（1）× 年购买 W 公司矿用汽车每台 FOB 价为 23 万美元，5 年后若仍能以 23 万美元成交，那么此价格定为下限。

（2）5 年时间，按国际市场价格上浮 10% 估算，5 年后的成交价格可能为 25 万美元，此价格定为上限。

谈判目标价格设定之后，谈判小组在心理上要做好充分准备，争取弹性价格目标的下限成交，不要急于求成。与此同时，在非常不理想的情况下，也要坚持不能超出上限达成协议。否则，就终止或取消谈判。

许多人都喜欢这样对他的孩子说："假如你的目标定得越高，你的成就就会更大。"一般人在日常生活中，也常抱有这种观念。如果把这个观念应用到商务谈判中去，把谈判的目标定得高些，结果是不是会更好呢？

美国哈佛大学的两位教授曾经针对这个问题做了一次实验。他们在买卖双方之间设了一道屏障使双方无法对视，讨价还价是在桌子底下用字条进行的。如此设了两组，对于两组的指示是一样的，只有一点例外；其中一组所接到的是"以 75 美元成交"的指示，而另一组所接到的是"以 25 美元成交"的指示。

实验的结果如何呢？被指示以 75 美元成交的那一组以将近 75 美元的价格成交，而被指示以 25 美元成交的那一组以将近 25 美元的价格成交。

卡耐基认为，人们在生活中制定和修正目标的方法，为其在谈判中制定和修正目标提供了一种借鉴，甚至当他们还没有意识到在这样做时，就为自己定下了目标。当我们择邻而居时，与什么样的人交朋友都会说明我们的身份目标。业务经理通过与其共事的人和他所雇用的助手的种类，来描述他们的目标。我们正在连续不断地设定生活中的目标，通过获得反馈然后修正目标。

个人的愿望代表着预期的行动目标，它反映了他为自己设立的标准。它不是一种希望，而是一种要去努力实现的坚定的意志，这就涉及到人的自我形象。追求会因失败而丧失自信心。

当人们被问及"下次你愿意得个什么分数"和"下次你期望得个什么分数"时，后者显然要比前者在制定目标时更实际些。因为后一种情况涉及到自我形象，而前一种情况则没有。在第一种情况里对分数的承诺就不像第二种情况那么重。

愿望、冒险和成功是连在一起的。在选择目标时，人们就像赌徒，他们要权衡成功后得到的有形和无形的报偿、失败的概率及可能付出的代价。人们不能够确切地进行这种计算，而是根据以往在类似情况下成功和失败的概率来推断出一个最好的目标。愿望随成败次数的多少而高低浮动。

愿望是人们根据自己能力与别人打赌的评判标准，就像赌博用的轮盘，轮盘中放着最大一捆钞票——他的目标。制定的目标应该与一个人心甘情愿承担的风险相一致。人们在谈判中制定目标就像在生活中制定目标一样，他们在经历成功和失败之后再修改它。

谈判是个闭路反馈系统。目标是由买主和卖主各自制定的，然后产生相互反馈。每一种需求、让步、威胁、拖延、最后期限、权力限制以及红脸一白脸两种角色的评说，都会对各方的期望产生影响。“价格”随着每一个字眼和新的进展在人们头脑中上下浮动。

在谈判中，那些制定较高目标并专心致力于它的人，要比那些愿意低价成交的人干得好。这里面有风险，愿望高的人得到的多，但他们陷入僵局的机会也多。交易依赖于好的判断，尽管有风险也要去尽力提高你的期望目标。

# 在正确的时间，能够让你在谈判中获得谈判主动权

据生物钟理论分析，人的生理过程在不同的时间和阶段中有不同的反应。当代生物节律理论认为，人的体力、智力和情绪每间隔20～30天有一个波动周期，理论上把它划分为临界期、高潮期、衰落期，人在不同的周期阶段会有不同的反应。

人在一天之内的不同时刻，精力也有变化。清晨，人们经过一夜的休息之后，眼明耳灵，精力充沛，工作、学习劲头儿十足；临近中午，人们的精力衰退，开始考虑午餐和休息。这时，不仅精力难以集中，且意志减弱。午休后，身体补充了热量，体力得以恢复；至傍晚时，是所谓的“bodytime”（体内时间），意思是最没有效率的时间。这段时间是一天中人的疲劳在心理上、肉体上都已达顶峰之时，人们往往焦躁不安，思考力减弱。日本古语把这段时间称为“逢魔之时”，认为这是最容易发生灾祸、最容易被魔鬼迷住的时间。

以上所言仅仅是人体生物钟的一般规律。然而任何规律都是相对的、狭窄的和不完全的。在实际生活中，由于人们的经历、习惯、爱好各异，有些人的生活规律可能与这种生物钟规律有异。例如，许多人喜欢夜间工作、白天睡觉，特别是脑力工作者大都喜欢“开夜车”，形成了他们独特的生物钟节律。这就要求谈判者根据生物钟理论，结合自己和谈判对手的习惯、特点和工作性质，扬长避短，选择谈判的时间，制定谈判议程。为此，谈判人员应注意以下几点：

1. 在正确的时间，能够让你在谈判中获得谈判主动权。所以制定谈判议程时，应避开己方不利发挥能力的生理衰落期，充分利用己方精力最充沛的高潮期，以

解决谈判中的难点。例如，当自己身体不适时不宜安排谈判，身体不佳使人体生物钟提前进入衰落期，很难使自己专心致力于谈判之中。也不要在紧张的工作后进行谈判，这时人们的思绪比较零乱，思维反应迟钝。

2. 从谈判竞争技巧考虑，可利用对方体力、智力或情绪处于低潮时，发现对方弱点，削弱对方的议价能力。有些谈判老手惯用的疲劳战术，就是通过破坏对方的生物钟节律的手段，来达到迫使对方让利的目的。尤其是外乡异地谈判或跨国谈判，当谈判对手经过长途跋涉后立即开始谈判，可能能为己方争得较有利的条款。

3. 根据有关统计资料披露，人们在每月、每周、每日之末事故的发生率最高。究其原因，就在于人在这一阶段中，会不由自主地考虑亲人团聚、朋友聚会、业余爱好等，因而导致精力涣散、情绪浮躁。如谈判者在此时解决难题，其成功率会相对减少。

4. 节假日是法定的休息时间，最好不要进行正式谈判。特别是急于会谈的一方，不要因为己方心急，就扰人休息。在节假日里，人们的精力涣散，这时登门谈判，往往不可能有什么效果，而且招人反感。

松弛的心理状态有一定的滞后期，所以也应避免在节假日后的第一天早上谈判，因为这个时候人们在心理上可能仍未进入工作状态。

5. 谈判家的成功在于他善于提高识别机会的自觉性，采取积极的态度来寻找、捕捉或选择时机。

谈判家要善于正确认识和选择时机，正确判断形势，利用一切有利于己的契机，采取行动，创造奇迹。对谈判家而言，从某种意义上讲，机会往往比才能更为重要。许多有才能的人正是由于没有很好地重视和把握已经到来的天赐良机，而永远丧失了成功的希望。那么怎样才能正确地认识和选择机会呢？

首先，机会并非身着明显的标志来到人们身旁的，它往往被各种现象的迷雾掩盖着。为此，谈判者必须审时度势，随时把握客观形势的发展及各种力量的对比变化，透过现象去把握本质。这样，才能在复杂多变的客观形势面前，认准机会，并利用机会。

其次，机会本身不是一张保票，在选择机会时，要敢于承担风险，机会与风险自始至终是一对孪生兄弟，不可患得患失，贻误良机，人们常常基于安全保险的心理，不敢面对机遇，结果失去了成功的机会。

抓住时机，适时谈判，就可以在对方有强烈、紧迫需要时“雪中送炭”，获取较高的售价；或者在对方急于出售商品时，有讨价还价的余地，最后能低价购买。时机给谈判者带来了希望，关键就看你是否有把握时机的眼力和运用时机的勇气。

# 在正确的地点，能够让你在谈判中把握主动权

海湾战争爆发前的最后时刻，美国国务卿贝克和伊拉克外长阿齐兹在日内瓦举行谈判，为避免战争做最后的努力。在两国代表团下榻地点的安排上，日内瓦方面决定让这两个敌对国家的谈判代表团同时下榻在日内瓦的一家大饭店。饭店总经理赫伯德·肖特说："这是朝和平的方向迈出的第一步：让他俩住在同一家饭店里，这样他们都会喝上同样的咖啡。"

尽管美伊两国外长的谈判最后还是破裂了，但这位总经理的看法仍然不无道理。因为让谈判双方住在同一幢房子里，可以增加双方私下接触的机会，在这种场合，双方可以无拘无束地交谈，双方的立场也可能比正式谈判场合要灵活，态度也要和缓得多。

谈判地点的选择，往往涉及一个谈判的环境心理因素的问题，它对于谈判效果具有一定的影响。谈判空间的合理选择，会大大增强谈判桌上取胜的"砝码"，这不仅表现在政治谈判上，同样也表现在商务谈判上。

日本的一家公司想与另一家公司合作某大型工程，但困难的是，那家公司对这家日本公司的信誉度不十分了解。为了解决这个问题，有关人员请这两家公司的决策人在日本著名的"忠犬"雕塑下面谈。这只犬终其一生，每天下午都会在火车站等待主人下班回家，主人某天突发心脏病猝死于单位，它仍然忠诚的在车站等待主人归来，不吃不喝，一直等到死。"忠犬"的故事在日本妇孺皆知，它代表的是无限的忠诚。当两家公司的决策人来到这里时，彼此都心领神会，不需

要太多的表白、言语交流，就顺利地签订了合同。

“忠犬”这一形象使得两家公司的决策人的心彼此接近了，置身于这一特定的环境，双方都会自然而然地产生信任感。环境是无声的语言，而又强似任何有形的语言，尤其是在言语难于传达的情况下，无声的环境往往能起到出人意料的效果！

人是种区域性动物，他与他的东西形成一种密切的联系。他的椅子、他的办公室和他的财产都有着特殊意义。有人说他的家就是他的堡垒，这大概是因为其最大力量就在于此。

不同的谈判环境，对谈判者才智发挥会起到或大或小的激发或者抑制的作用。有利的地点、场所能够增强谈判者的谈判地位和谈判实力。美国学者罗伯特·阿德里在《本土规则》这本书中说：动物在其自己本土上最能保护自己。许多人在自己家的客厅里与人谈话，比在别人家的客厅里更自如，更容易说服对方。因为人们有一种常见的心理，即在自己“所辖领域”的交往行为，无需分心于熟悉环境和适应气氛，而很容易进入状态，自然而然地处于一种主动的、控制的地位，所以谈判成功的概率就高；反之，在自己不熟悉的环境中进行谈判，除非是准备得非常充分，心理素质很好，一般情况往往变得无所适从，受人牵制，最终容易导致谈判失利甚至破裂。

因此，一般来说，最好争取在己方地点与对方代表见面商谈，在自己熟悉的地点与对方交涉所获得的优势是显而易见的。大凡商界老手在选择谈判地点上都要煞费一番苦心精心安排，这就是其中的奥妙所在！多数情况是在家里谈判为最好。在家做生意的人，很可能吃睡都有规律。他们手头有较多的资料，包括能随时找到专家和向上请示工作。托夫勒在《未来的冲击》一书中指出，处于变幻中的人身体和精神上会受到冲击，在别人的厂里甚至去厕所也成了个问题。我们为赶到目的地都会浪费大量生理的和心理的能量。当然，选择自家为谈判地点也会有麻烦。你的同事和家庭会有太多的干扰，会把优势抵消。

一般来说，重要的问题或难以解决的问题最好争取在本单位举行谈判；

一般的问题或者容易谈判解决的问题，或需要到对方处了解情况资料时，也可以在对方场地举行谈判，但必须做好充分的准备，比如摸清领导的意图要求，明确谈判的目标，准备充足的信息资料，携带必要的谈判助手等。客座谈判也有一定的优势。如便于观察和弄清谈判对手的情况；谈判过程中，可以不受干扰，全心全力地进行谈判；可以借口资料不在手头或者以未经上级领导同意为托辞，拒绝做出结论；必要时，可以与对方领导直接洽谈；省去了烦琐的接待工作等等。

但是，客座谈判也有不少不利之处，如当谈判发生意外情况时，不能及时请示上级；临时需要查找技术资料或文件不方便；行动上受着很多限制。如：客居时间、上级授权的权限、远距离通讯的困难等。在客座谈判中，过硬不行，硬的时间太长不行，这些都容易导致谈判破裂；态度太软也不可取，谈判自然发展虽好，但作为客座听之任之，却易陷入对方设下的“圈套”而让步成交。客座谈判者所处的这一矛盾处境，要求他们在审时度势中争取主动，反应灵活，随时调整策略。这样，客座谈判也同样能取得成功。

如果谈判必须在其他地点举行，那么下面这些预防措施对你会有帮助：

（1）考虑一个中立位置。

（2）让别的人处理你的日常工作。

（3）带上足够的帮手。

（4）带上计算器。

（5）事先检查你的预订情况。

商务谈判除了上面所提到的主座谈判和客座谈判外，还存在一种情况：客主座轮流谈判。所谓客主座轮流谈判，是指在一项商业交易中谈判地点互易的谈判。可能是开始在买方，继续谈判在卖方，结束在卖方也可能在买方的谈判。

客主座轮流谈判的出现，说明交易的不寻常，至少不会是单一的、小额的商品买卖，它可能是大宗的商品买卖，也可能是成套项目的买卖。针对这种复杂情况，采取客主座轮流谈判的形式，较能够兼顾到双方的利益。

谈判大概是人们能做的最艰苦的工作。给谈判人员以较高的补贴、头等住宿条件和到达目的地后至少24小时的休整是值得的。他们需要舒适和从容不迫。

# 正确的谈判专家，能够让你在谈判中掌握主动权

## 一、谈判人员应当具备的素质

卡耐基认为，谈判是最困难的工作之一，它需要把平时在商业中不易发现的品质结合在一起。谈判需要的不仅是良好的商业判断力，而且还要有对人性的敏锐理解。谈判桌是一部戏剧的中心。真不知道还有什么能像商业这样使精力、辩才、经济、动机和组织的压力以如此集中的形式汇集在一起，时间又是如此短暂。没有什么地方的投资收益会如此之高。

好的谈判人员应具有如下 13 种品质：

（1）有效地与自己组织中的人谈判和赢得其信任的能力。

（2）精心安排，了解产品。搞清谈判的规则和各种方案的愿望和义务。有刺探和核查信息的勇气。

（3）良好的商业判断力和洞察真实底线问题的能力。

（4）容忍冲突和模棱两可的能力。

（5）献身事业并承担随之而来的风险的勇气。

（6）有耐心观察谈判进程发展的能力。

（7）有与对手及其组织中的人相处的愿望，也就是与其在人事上和业务上的交谊。

（8）能为互相满意的结果尽义务。

（9）敞开思想听取意见的能力。

（10）能从人际观点洞察谈判，也就是能看出影响最后结果的隐藏的人际问题。

（11）基于知识、计划和良好的内部工作的自信心。

（12）有利用谈判小组专家的愿望。

（13）他是个持重的人，他已学会同自己谈判并不苟言笑。他没有过分喜爱的需求，因为他爱自己。

有人能满足这样苛刻的条件吗？大概没有。如果关系重大，那么就需要找合适的人。常识和研究都告诉我们，熟练的谈判人员总会把较好的结果带回家来。

## 二、理想的谈判队伍的规模

在商务谈判中，既有谈判双方各只有一人参加的一对一的单兵谈判，也有双方都有多人参加的小组谈判。一般关系重大而又比较复杂的谈判大多是小组谈判。

单兵谈判的好处是：在授权范围内，谈判者可以随时根据谈判桌上的风云变化做出自己的判断，不失时机地做出决策以捕获稍纵即逝的机遇，不必像小组谈判那样，对某一问题的处理要首先在内部取得一致意见，然后再做出反应。也不必担心对方向自己一方谈判成员中的较弱的人员发动攻势，以求重点个别突破，或在本方各谈判成员之间运用计谋制造意见分歧甚至分裂，而从中渔利。一个人参加谈判，独担责任，无所推诿，则迫使他必须一丝不苟、兢兢业业、全力以赴。

谈判班子由一个人组成，虽然有以上优点，但显然，这只适用于谈判内容比较简单的情况。在现代社会里，谈判往往是比较复杂的，涉及的面很广，包括贸易、金融、商品、运输、保险、通关、法律等各方面的知识，所需要搜集、运用的材料亦非常之多。虽然在谈判的准备过程中，单兵谈判人员可以得到同事的支持和协助，在谈判过程中也可以得到领导的指示，但整个谈判始终是以他一个人为中心来进行的。以一个人的精力、知识和能力很难对谈判桌上的真真假假、虚虚实实做出正确的分析、判断和决策。而且当谈判人员生病等突发情况发生时，没有替手。因此，在通常情况下，谈判一般采取小组谈判的形式。

有多个人参加的小组谈判的优点在于：首先，可以满足谈判中多学科、多专业的知识需要，通过谈判群体的知识互补，可以克服个人知识的局限性；其次，群策群力，集思广益，人多势众，形成集体的进取与抵抗力量。其弊端是：由于各方面人员从自己的专业出发可能会有些偏见；如有不同意见，会丧失谈判一致对外这一重要前提。

小组谈判是现代商务谈判的主要形式，关键在于努力去趋利避害，发挥谈判小组的群体优势。在需要多人参加谈判小组的情况下，多大的人员规模比较合适呢？卡耐基访问过谈判专家，其中大多数人认为，谈判小组的人数以 4 人左右最为理想。其理由是：

### 1. 谈判小组的工作效率

作为一个集体，谈判小组要有效地进行工作，内部必须进行适当而严密的分工和协作，小组内部交流渠道必须通畅。而人数一多，交流就会发生困难，而谈判却要求高度地集中统一对外和对问题做出灵活、及时的反应。人数多，意见也多，要把这些不同的意见全部集中统一起来，并非一件易事。

在谈判这种高度紧张、内容复杂多变的活动中，要达到上述要求，谈判小组的规模过大是不行的。从大多数谈判情况来看，工作效率比较高的人数规模在 4 人左右。

### 2. 谈判小组管理幅度的有效性

一个领导者所能有效地管理的下属的人数是有限的，即管理幅度是有限的。高层领导不能直接管理众多的下属人员，于是设立了许多中间管理层来进行管理。比如一个上万人的大公司，总经理只需管好几个副总经理，每个副总经理再分别管好几个分公司经理，每个分公司经理再分别管好几个部门经理，每个部门经理再分别管好几个业务主管，每个业务主管再分别管理若干个职员。工作性质与工作内容不同，管理幅度也不一样，层次越高，管理的幅度就越小。

商务谈判紧张、复杂、多变，既需充分发挥个人的独创性和独立应付事变的能力，又需要内部协调统一、一致对外，其领导者的有效管理幅度不可能太大，只能在 4 人左右。超过这个限度，其内部的协调和控制就会发生困难。

### 3. 谈判所需专业知识的范围

一场谈判特别是一个大型项目的谈判，会涉及到许多专业知识，但这并不意味着谈判需要相应地配备各种专业知识的人同时参加。因为，谈判的不同阶段所涉及的主要专业知识的种类是有限的，只要谈判小组成员具备这几种主要的专业知识就能胜任了。某些非常专门或具体的细节谈判可以安排另外的小型谈判予以解决，或者请某些方面的专家作为谈判小组的顾问，给谈判人员献计献策来加以解决。这样就不必为扩大谈判小组人员规模而劳神了。

### 4. 谈判小组成员的调换

一般情况下，如果谈判小组的成员能够满足谈判所需专业知识的需要，胜任相应的工作，那么，保持谈判小组成员的稳定是有好处的。因为自始至终参加谈判，对双方立场、观点的形成、发展变化等有关问题的来龙去脉了解得很清楚，可以防止对方节外生枝，避免对方利用己方换人之机，在新来人员对情况不甚了解的情况下钻空子。

但是，有许多谈判具有明显的阶段性，在某一阶段围绕某一个或某几个方面的问题进行专门的磋商，并可以得出比较一致的看法。这样，某些谈判成员只在某些阶段上能够发挥巨大的作用，而在另外的一些阶段的作用不大或没有作用。例如，在谈判初中期，需要技术人员参加，而法律人员则是多余的，但在最后的协议阶段，需要法律人员审查合同草案，技术人员又是多余的。对于这种情况，可以根据谈判的不同阶段的不同需要，调换谈判小组的成员。需要什么样的人，什么人就上场，任务完成了或暂不需要时就退场。

这样，既保证了谈判的需要，又使谈判小组的规模保持在合适的水平上，既便于有效地控制，又节约了己方的谈判费用。

当然，对于特别复杂的商务谈判，同时需要许多人参加谈判。为了满足这一要求，同时也为了更好地进行协调控制，可以采取一个折中方案。即可以在人数众多的谈判小组中进行分工，成立几个专业性的部，如商务谈判部、技术组织部、法律组织部等，每个部的人数可以确定为 4 人左右。这样，从专业部的谈判来讲，其人员规模比较合适；而就整个谈判小组而言，主要是协调各专业部之间的关系，其数目并不多，协调起来比较容易。

## 三、合理的组合

谈判小组必须具备完善的专业知识结构，分工协作，才能有效地完成谈判任务。商务谈判所需的专业知识大体包括以下几个方面：有关技术方面的知识；有关价格、支付条件、交货条件、风险、运输、海关等商务方面的知识；有关法律方面的知识。在涉外商务谈判中，还需具备语言翻译方面的知识。根据上述专业知识的需要，一个谈判小组应配备相应的人员。

### 1. 专业技术人员

专业技术人员对工程技术问题有深入的了解，对有关技术问题的条款进行磋商。其具体职责是：

（1）阐述己方参加谈判的意愿和技术条件；

（2）弄清对方的意图和技术条件要求；

（3）找出双方在技术条件上的分歧或差距；

（4）同对方进行技术细节方面的磋商；

（5）修改草拟的谈判文书的有关技术条款；

（6）向主谈人提出解决技术问题的建议；

（7）为最后决策提供技术方面的论证。

### 2. 商务人员

商务人员必须通晓贸易、金融、运输、保险等有关商务方面的知识，其具体职责是：

（1）掌握该项谈判项目总的财务情况；

（2）了解谈判对方在项目利益方面的期望值指标；

（3）分析、计算修改中的谈判方案所带来的收益的变动；

（4）为主谈人提供商务方面的意见和建议；

（5）在正式签约前提出对合同或协议的财务分析表。

### 3. 法律人员

法律人员是一项重大谈判项目的必须成员。国外许多谈判人员都是律师出身。我们要挑选合适的法律工作者参加重要项目的谈判，使得己方在商务交往中得到法律保障，维护自身的利益。其具体职责是：

（1）确认谈判对方经济组织的法人地位；

（2）监督谈判程序在法律许可范围内进行；

（3）检查法律文件的准确性和完备性。

### 4. 翻译人员

一个好的翻译，在谈判过程中，能洞察对方的心理和发言的实质，既能改变谈判气氛，又能挽救谈判失误，在增进双方了解、合作和友谊方面，可起到相当大的作用。翻译要熟悉谈判业务，防止差错或失误。主谈人不要临时才想到翻译，应吸收翻译一起参加谈判的研究，使翻译事先充分了解谈判意图、计划和策略。翻译应对专业术语作充分准备。其具体职责是：

（1）在谈判过程中全神贯注，工作热情，翻译内容要准确、忠实；

（2）对主谈人的意见或谈话内容如觉不妥，可提请其考虑，但必须以主谈人的意见为最后意见，不能向对方表达个人意见；

（3）对方提出的任何要求，应详告主谈人解决，不能自作主张，作肯定或否定的答复；

（4）对方如有不正确的言论，应据实全部译告主谈人考虑。如外商单独向翻译人员提出，如判明其无恶意，可作一些解释；如属恶意，应表明自己的正确态度。

翻译人员应自始至终参加谈判的全过程，一般不宜中途换人，以防工作脱节。

需要指出的是，谈判所要求的各种知识结构之间并非存在不可逾越的鸿沟。作为谈判人员，应该对上述几个方面的知识都有所了解，而又专长于某一方面。

因为，如果只知道某一方面比如技术方面的知识，而对商务和法律方面的知识一窍不通，这样在谈判时就很被动，彼此之间的配合就比较困难。

比如，技术人员认为建立某种技术条款能使引进的技术在性能上更有保证，商务人员认为这样要大大增加引进的成本，法律人员认为这一条款有可能引起某些法律纠纷，三方各有理由，相持不下，很难协调。

## 四、主谈人与辅谈人

所谓主谈人是谈判中的主要发言人，在谈判的某一阶段，或针对某一个或某几个方面的议题，由他为主进行发言，阐述本方的立场和观点。相对地，这时谈判小组的其他成员处于辅助配合的位置上，称之为辅谈人。

主谈人应具有思维敏捷、深思熟虑、掌握谈判主动性、善于逻辑推理、有风度等特点。倘若能具备这些条件，主谈人将会达到最佳的谈判效果。精明的主谈人像杰出的演员一样，善于扮好自己的角色，决不会轻率越过界线干扰别人。

确定主谈人与辅谈人以及他们之间的配合很重要。在谈判过程中，主谈人与辅谈人应该用语言或其他方式相互支持。

卡耐基认为，谈判主谈人在谈判开始时，向对方介绍自己的同事，对谈判对手具有强烈的影响。他举了这样一个例子：一位主谈人在一种场合这样向对方介绍自己的同事：“这是我们的会计，诺尔曼·凯特勒。”而在另一种场合，他这样介绍：“这位是诺尔曼·凯特勒，他具有15年财务工作的丰富经验，有权审核数目达1500万英镑的项目。”显然，同前一种场合相比，诺尔曼·凯特勒在后一种场合会给谈判对手以非同凡响的影响。

在谈判过程中，当主谈人讲话后，辅谈人有必要对他的话加以肯定。因为，当他的话被自己的同事加以肯定后，对方就容易在心理上相信他的话的可靠性。他的同事可以口头上附和：“确实如此”“对，情况就是这样”“绝对正确”之类的话，从而达到加强主谈人说话分量的目的。

在主谈人与辅谈人之间，不仅口头支持是重要的，其他方式的支持也很重要。如果主谈人讲话时，他的同事不是东张西望，就是显得有些心不在焉，那么谈判对手就会受到辅谈人的影响，随之对主谈人的发言也就不会太重视了。相反，在主谈人讲话时，如果辅谈人把自己的椅子挪动一点，使自己的脸可以正对主谈人的脸，并聚精会神地注视主谈人讲话，不时赞同地点点头。辅谈人的这些动作会使谈判对手也聚精会神地听主谈人说话，并会认为主谈人是个有经验、可信的人。

主谈人与辅谈人的地位并非是一成不变的。在谈判合同技术条款时，技术人员处于主谈人的地位，相应地，商务人员和法律人员则处于辅谈人的地位，他们的主要任务是从商务和法律的角度向技术主谈人提供咨询意见，并适时地回答对方涉及商务和法律方面的问题，支持技术主谈人的观点。在谈判合同商务条款时，很显然，商务人员处于主谈人的地位，技术人员与法律人员则处于辅谈人的地位。

事实上，合同的任何一项条款都会涉及有关法律问题，只不过是某些条款的法律规定性更强一些。涉及这些条款时，法律人员以主谈人的身份出现。但对其他条款的合法性，法律人员亦负有责任。

### 五、谈判代理人

委派替身首先是由于情况不熟悉而雇用的谈判代理人。在某些国家和地区，在初次接触的情况下，有时需要通过代理人进行商务谈判。

代理人的作用发挥如何，对谈判的成效关系甚大。有的代理人仅起联系人的作用。而好的代理人不仅熟悉和了解委托人经营的业务、商品和服务，而且还能为委托人提供一系列的服务，如翻译、提供谈判办公用品及通信设施、提供当地法律及税务的咨询，甚至可以直接参加谈判。

谈判者委托代理人，应对代理人的资信情况有清楚的了解。在确认代理人的资信情况后，颁发授权委托书。代理人有自身的利益，谈判者应慎重对待。

委派替身也是一种谈判策略上的需要。假如你想买一幢房子、一家企业、一种价格昂贵的产品或一种独一无二的东西，没有什么比打听卖主的真正价格更费劲的事了。这时有一种方法可行。那就是自我复制，雇用一个替身。比如你要谈的项目是房屋买卖。你的替身会见了卖主并询问价格。卖主开价259，000美元。你的替身立即从口袋里拿出支票本来，开出一张低于开价的支票。“我准备现在就给你开一张 165，000 美元的支票。”

这时候，你就能知道真实价格了。不管是因为被冒犯而拒绝，还是因为试图做成这笔交易，卖主都会做出反应。因为人们在出售自己的房屋时，往往会认为他们是在与皇冠上的宝石告别，依依不舍的同时总不想让自己吃亏。即使你的替身没有完成其他什么事，他也使你免遭任何不快。

如果卖主被激怒，不愿成交，你就知道此时此刻他要的价就是 259，000 美元或接近 259，000 美元。然而，十有七八，卖主或许会因为在一生中第一次面对一位真正的买主而开始严肃地谈判。他可能对此立刻讨价还价，比如说 235，000 美元。在这种情况下，你就能更清楚地知道他真正愿意接受的价格。这样你在他还没有遇到你之前就更多地了解了他的价格，而他却并不了解你。这就是你的优势。

下一步是等待几天，然后另派一个替身，用一种稍稍不同的方式试探。他可以报一个较高的价格，但在条款上极其苛刻，向卖主表明：“如果你能让我来提条件，我可以付给你更多的钱。”

第二个替身会搜集更多的资料，帮助你把一个较低的价格塞进卖主的头脑，使卖主明白，只有在这个价格水平上买主才愿做交易。如果你还想介入，继续以这种方式打探消息，那你不仅对真正的价格有了充分的了解，不仅促使卖主等候你开出低于广告的价格，而且你还能使事情达到这样一种愉快的境地，使你自己并不因为报价低而引起卖主的反感。

# 周密的谈判方案能够让你在谈判中进退有度

在对谈判目标、谈判时间、谈判地点、谈判小组等谈判基本事项进行了较详细、全面的安排和策划之后，应该撰写一个总的谈判方案，将所有上述事项统一纳入这一书面形式中，并由对该谈判项目负完全责任的主管领导批准。

谈判方案的形式多种多样，文字可长可短，可以是长达几十页的正式文件，也可以是简短的一纸备忘录。一般说来，谈判方案应简明、具体而又有弹性，以方便洽谈人员记住其主要内容，使方案的主要内容与基本原则能够清晰地印在他们的大脑里，进而使他们能得心应手地与对方周旋，而且能随时与方案进行对照应用。

在实际工作中，谈判人员要搜集许多情况，阅读档案中相关的大量文件，同时尽量与这次谈判有关的人员交换意见，他们的见解往往会各不相同。

## 一、集中思考

集中思考的目的是迅速地归纳有关问题。同时理出自己的思路。集中思考阶段分两个步骤：第一步把与谈判有关的想法写在纸上；第二步是用另一张纸记下自己对于对方的判断和了解，包括他们在干什么？他们在哪里？他们的外貌如何？我们了解了哪些有关他个人的情况？目前所知道他们在谈判中期望的是什么？预测他的期望是什么，以及我们还需要掌握什么情况等。同样地，把这些有关对方的一些问题的想法及时记载下来。在集中思考阶段，如果管理者把有关谈判的临时主意和有关对方情况的估计与猜测，列成两张表写在纸上，管理者的头脑就清楚了，把它们放在一边，会对谈判产生重要作用，可供以后的谈判准备工作参考。

## 二、确定谈判方向

“谈判方向”是指谈判者希望通过谈判所要表达的“方向目标”。它是谈判者谈判的主导思想。但它有时会与经过双方共同协商制定的洽谈目标略有出入。谈判方面的备忘摘要文字表达要力求简洁，最多 15 至 20 个字，要是太冗长，就证明洽谈人员脑子里对于为什么来进行谈判没有一个很清晰的概念。因此，谈判人员的头脑要清楚。如果用了几十个字都难以表达清楚，那他就必须整理一下思绪了，要对原来的谈判方向进行删减和修改，直到最多用 20 个字就能完全表达出来为止。

## 三、确定谈判目标

谈判的“目标”通常可以用一句话表达。比如“我们认为谈判目标是——”或者说：“我们声明谈判目标是——”有时候，目标不见得要和谈判方向完全一致。而准备工作的实际程序是：首先，经过开拓思路阶段想出各种应对办法，然后逐步地制定出己方的谈判方向，最后制定谈判议程表。值得注意的是，谈判议程表最多不要超过四个。如果必要，可把其他问题作为附属列在主题下。准备阶段的最大目的是为谈判人员提供一份在谈判大厅里放在他们面前的文件。要求文字简洁、易记，能对谈判人员起提示的作用，使他们在全部精力投入谈判的同时，能够把握住谈判进程。

# 谈判预演，发现谈判中的漏洞及时补救

当双方进行首次谈判时，谈判人员除了已经有的初步印象外，还会产生某种预感。“说不定这次谈判会很棘手，”也许心中还会想，“天啊！我可得留神对方这些人。”当然，反应也可能是积极的，比如：“看来这准会有点结果。”

实际上，这时人的脑子所接收的信号已远超过了人们看到的表面现象。人的大脑不仅反映出对方走路的样子及速度、说话的语气声调等等。甚至在会谈开始时，双方随意谈及的问题，也都会对大脑有些刺激作用。

在一世界性的高尔夫球赛中，一位职业选手只要再轻轻一推，球便能进入两尺外的洞内，而赢得冠军。这是关键性的一球，球进，比赛便结束；球不进，他便与另一位选手打成平手，必须另外加赛一场。当时，所有的观众都睁大眼睛，瞪着他，摄影记者的镜头也对准了他，现场的气氛可说紧张到了极点，而他本身所承受的心理压力，更是难以言喻了。最后，他轻轻一推——球竟然没进。这种球，他平常练习时闭着眼睛都能打进的。由于球没进，双方打成了平手。于是便加赛一场，结果，他失去了唾手可得的冠军。

这些刺激因素，是由人的潜在意识接收下来并进行“翻译”的。但如何“翻译”则取决于信号接收前的形势；比较典型的一种形势是当时至少有一方感到谈判前景不妙，有一种担心、怀疑，甚至具防范的心理。此外，对方当时可能刚经历了不同的，通常是不太好的境遇。比如，一方可能在办公室碰到了什么麻烦，而另一方可能在路上遇到了不顺心的事。可见，人脑所受到的许多刺激，由于它们在大脑里并没有立即清晰地反映出来，因而很可能在“接收”的时候无意识地受到上述刺激的消极影响，因而必须采取有效的措施。否则，这些不利因素会使谈判“出师不利”。

在重要的谈判当中，类似上述的情况经常出现。谈判者会被凝重的气氛和压力逼得透不过气来，于是便心生胆怯。一胆怯，谈判的主动权马上为对方所夺，再也难以取回了。

胆怯所可能带来的不利影响还不止于此。只要谈判者曾经胆怯过，那么，在接下来的任何谈判，即使是最简单的谈判中，谈判者都将或多或少感受到同样的压力。而一旦碰到类似于以往所经历过的场面时，其胆怯的程度，更是有增无减，甚至严重至令人想临阵脱逃的地步。如果谈判者的定力不够，以往的失败势必又将重演，而且不止一次地重演。如同上述可怜的高尔夫球选手，每当他再度碰到类似那次失败的情况时，观众的眼睛和摄影机对准着他，不管球的位置对他如何有利，结果通通一样——不进。也因此，他的高尔夫球运动员生命便结束了，难以东山再起了。谈判亦然，如果无法克服胆怯的毛病，便永远无法尝到胜利的果实了。

事先做好类似的练习，对实际的谈判将有莫大的助益。世界著名的钢琴家约瑟夫·霍夫曼长年在世界各地旅行演奏，而他常常在奔赴下一个演出地点的车上，闭起双眼，靠在椅背上。“你在睡觉吗？”他的朋友曾经如此问他。“不，我正在练琴”。霍夫曼回答。美国红歌星克丽丝汀娜也使用和霍夫曼同样的方法来磨炼其演技。她说：“我每天晚上都会累得连走路回家的力气也没有。不过，不管再怎么累，都总不忘在脑中做假想练习。我在脑中练习跳舞，练习唱歌，也练习呼吸的方法。这种演习的效果与实际在舞台上表演一样，只是不会发出声音而已。”

许多专业谈判家每天都在脑中练习各种谈判，如售屋、买车、整修房屋等等。你可以假想一个在日常生活中经常发生的例子，譬如买回一件廉价品，发现其中有瑕疵，于是便想退货，把钱要回来。这时候你要想象从退货到取回现款的整个经过，包括店员的刁难以及管理者的应对之辞等等。

正确的“假想练习”不但可以增进你的谈判能力，其效果甚至比实际练习还要大。因为就人类的深层心理以及神经系统而言，想象的经验和实际的经验，几乎一模一样，难以区别。所以，霍夫曼手不必触键，也可以练习弹琴；克丽丝汀娜脚不必着地，也可以练习跳舞。在谈判正式展开前，要事先做好各种准备工作，这是毋庸赘言的。当然，在尚未谈判时，是不可能与谈判对手面对面进行“彩排”的。因此，唯一的办法，就是做“假想练习”了。“假想练习”虽然只是想象模拟，但其功用和效果却十分惊人。

如果你所想象的只是事情的结果，而非全部过程，这就不叫“假想练习”了。譬如，你是个希望能够“家喻户晓”的足球选手，但你在心中所描绘的，尽是一些接受记者的访问、观众的喝彩声、成为杂志的封面人物，或是名字上了头条新闻等等这一类“美丽的结局”，那么，这不过是海市蜃楼般的白日梦罢了。没有实现的过程，就像滑旗杆的旗子，升不上来，也无法迎风飘扬。要能滴水不漏地在脑中想象谈判过程中的每一个细节，方称得上是有效的假想练习。

梦想成为一个主控全场的足球后卫选手，就必须在脑中想象应该指挥在场的每一名球员，为什么假想练习的效果反而会大于实际练习呢？因为在想象练习中，每一个动作都是完美的，接球时不会漏球，传球时也不会误传。但在实地练习中，则难免有犯错的时候或是疏忽的地方，当这些失误一再地发生，甚至成为一种习惯时，就难以矫正了。所以，事先做好假想练习，再带着球到球场去，运用你在假想练习中已熟悉了的各种动作，就是实现梦想最好的方法。

谈判也一样，应该在事先想象与谈判对手面对面进行谈判时的整个过程。更具体地说，就是想象谈判的场所、想象谈判者的神情与反应、想象谈判双方的每一句对话，以及想象你所使用的战略和技巧等。在假想练习中，如果你自认为所使用的战术毫无漏洞，对谈判对手的反应也能完全掌握的话，那么，在正式谈判时，就不会遭遇意想不到的困难了。

人的潜意识和神经系统，对于想象的经验与实际的经验，是无法区分的。

因此，正如前面所述，“假想练习”的效果，便等于或大于实地练习，但值得注意的是，如果以错误的事实和错误的战术作为前提，来进行假想练习的话，那么，在正式谈判中，便很可能也犯了相同的错误，而导致失败。再以练习足球为例，若在假想练习中，弄错了从后卫处接球的时间，或是传球的方向与姿势不正确，在正式比赛中，这一幕便可能重演。克丽丝汀娜若在她的假想练习中记错了歌词，那么，公开表演时，唱错歌词的机会就相当大了。总之，假想练习时，其前提一定要正确，才能发挥预期的效果。如果前提错误，不但会给自己带来莫大的损失，亦将使谈判出现令人大失所望的结果。

# 第三章

# 万事开头难，准备是正式谈判的第一步

# 知己知彼，让你在谈判中抓住对方的弱点一击必胜

“凡事预则立”，谈判能否顺利进行，往往取决于准备阶段的工作是否充分。任何一个优秀的谈判者，都会注意谈判准备阶段的每一项细微工作，而谈判的整体方案也在这一阶段就开始运筹。

谈判准备阶段要做的工作很多，归纳起来大致有以下几个方面：

在谈判过程中，双方都不会轻易透露底线，即使透露了底线，对手也不会轻易相信。西方学者把这种不确定性叫作胜利者的诅咒，就是说在谈判者不了解对手底线的情况下，他总会觉得达成的交易不是最好的，认为可能让对方占了便宜。这说明，要获得谈判的最大效益必须了解对手。

如果以前曾与谈判对手接触过，那不妨再翻阅一下当时的谈判记录。如果双方素昧平生，那么除了从与对方谈判过的人那里获得信息，还可从财务报告、研究报告、媒体报道、广告、公司宣传资料等渠道获得谈判对手的有关资料。

此外，谈判者还应了解对方谈判的动机和诚意。有些企业进行谈判，可能是醉翁之意不在酒：或通过谈判转移内部股东的矛盾，或宣布正在进行谈判为其股票造势，或通过谈判给目前的合作伙伴施加压力。这些隐含的动机可能表明谈判对手并无诚意，与其谈判很可能造成自己时间、精力，甚至是商机的浪费。

需要是谈判的心理基础。马斯洛将人的需要分为五个层次：生理需要、安全和保障需要、归属和社会需要、尊重和地位需要、自我实现和满足需要。谈判中的需要心理主要表现在以下几方面：

第一，权力的需要。实际上是自尊需要，这在自我表现欲强的人身上最为明显，在谈判中他们咄咄逼人、支配欲强，目标要求高，为掌握权力、控制局面，可牺牲其他方面的利益，甚至为获得权力而不择手段。

第二，交际需要。广泛的社会交往、良好的人际关系是谈判成功的保证。很多情况下，人们为建立关系、寻求友谊而谈判。

第三，成就需要。这是自我实现需要的表现。敢于冒险的人，目的是为追求更大的成就，也是为了获得自我满足。

了解谈判对手的需要，才能有的放矢地采取相应的谈判策略。

## （一）知己知彼，百战不殆

在“二战”期间，盟军司令巴顿将军与素有“沙漠之狐”之称的德国陆军元帅隆美尔即将展开一场举世瞩目的“世纪大决战”。在大战爆发之前，巴顿将军曾日夜苦读隆美尔的一本军事论述，特别是其中有关装甲部队部署方式的部分。果然不出巴顿所料，隆美尔在作战中所采用的，正是其著作所提及的战术。这场战争的胜利者，当然非巴顿将军莫属了。谈判也是一样，在谈判之前，多方深入探查对方的虚实，是很有必要的。

美国一家钢铁公司与一家钢材销售商进行谈判，几个回合下来仍未达成协议。钢铁公司一位代表拿出移动电话拨通总部，同时作了记录。通话结束后，这位代表要求暂停谈判，并立即召集己方人员离开谈判室。几分钟后，钢铁公司人员返回谈判室，表示绝不低于那个价格。结果，双方就按钢铁公司提出的价格达成了协议。

原来，钢铁公司的电话记录上写着几种直径的圆钢存货不多，有可能提价。他们在谈判暂停时忘记带走记录而留在谈判室了。他们一离开，销售商就获得了信息，因而同意了钢铁公司提出的价格。其实，这是钢铁公司特意策划的。钢材销售商被谈判对手的虚假信息所迷惑，导致了错误的判断。

一次，我国南方某机械制造厂的李厂长带着产品图样赶赴大洋彼岸的美国，直接同美商在谈判桌上商讨机械出口事宜。

谈判正式开始，在美国公司会议室内，双方进行了一次科研成果和策略的较量。双方因讨价还价、互不相让而致谈判陷入僵局。这时对方总裁提议休息一下。对此，李厂长没有异议。第二天，依然如此。第三天，第四天，还没动静。连续几天，美国公司没有任何答复，也没有磋商意图。这时，中方有人担心这样拖下去不仅会使谈判告吹，而且时间也将白费。面对如此局面的李厂长依然十分冷静，一副沉得住气的模样。

为什么李厂长如此坦然呢？这是因为，他到美国之前曾作过大量的调查研究，通过各种信息渠道了解到美国对外贸易政策的调整和机械制造行业的行情变化，对谈判全然成竹在胸。原来，美国为了保护本国的对外贸易，对韩国等国家或地区实行高关税政策。由于税率高及其他原因，韩国迟迟不发货，而美国公司已同客户签订了合同，急需投入生产。

正巧，他们所需要的产品型号与中方公司生产的产品的规格基本一致，这就为中方公司讨价还价提供了保证。李厂长亲自送货上门，等于解决了美方燃眉之急，他们哪里会拒绝呢？

正是在充分调查的基础之上，李厂长才稳坐泰山，后来，美方公司终于沉不住气，决定重开谈判，经过认真商谈，最后达成了协议。

这场谈判，关键是李厂长未雨绸缪，在做好准备之后，又作出了正确的判断，终使谈判成功，未在对方控制的谈判节奏中失利。

不打无准备之仗，依赖于事前的调查，诸如谈判所需的文字、图表、数据、音像等资料的收集整理，谈判地点的选择，谈判协议的草拟，谈判人员的衣食住行，等等。另外，选好谈判代表，确定谈判目的，提出多种思路并预先设计好方案，拟定谈判日期、程序及使用的策略和技巧，分析对方可能采用的策略和战术并制订一套相应的对策。所有这些，都是谈判者应当考虑到的。

谈判高手的经验表明，当摸不清对方的虚实时，宁可高估，也不要低估了他们。理由很简单，因为低估了对方的结果，对己方往往只有害处，没有好处。相反，如果高估了对方，而在谈判中逐渐发现其“不过如此”，那么当时的“惊喜”则是笔墨难以形容的。

举个例子：假设买卖双方正为价格僵持不下，买方认为该商品有缺陷，卖方应该降价出售，但卖方却坚持不肯退回已收受的订金。最后买方决定诉诸法律，谈判宣告破裂。但买方忽略了一个事实：卖方拥有雄厚的财力。一笔诉讼费用，对他们不过九牛一毛而已，而买方打的如意算盘却是借着打官司来拖垮对方。不管诉讼结果如何，买方将陷于不利的局面，这就是低估了对方的后果。如果买方能在开始时便对卖方的财力有正确评估，谈判又会演变成什么样的局面呢？既然对方财力雄厚，那么就算诉诸法律，自己也无法获得什么好处；基于这样的认识，在谈判中，买方便会舍强硬而采取较温和的态度，如此一来，即使谈判失败，损失也不会太大。如果买方认为卖方财力雄厚而采取温和退让的态度，但在谈判中发现根本不是这么回事时，买方不就可以趁机抓住卖方“财力不够”的弱点，再提出有利于己方的要求吗？

预先“高估对方”，谈判的局面还存有扭转的余地，但若低估对方，一旦发现有误，则一切都将难以挽回了。

日本的一个财团与美国一家公司因为产品销售问题发生意见分歧，不得不走到谈判桌前来。日本派出的是一个年轻小伙儿，头衔是总裁助理，而美国公司参加谈判的是总经理以及他挑选的一批精兵强将。当双方互报头衔时，美国公司总经理明显地表露了他的轻视与不屑，而日本的总裁助理则不动声色。谈判中，总裁助理在关键时刻果断出击，令美国公司总经理大惊失色，他没有料到一个总裁助理会这样能言善辩，机智果断，结果败下阵来，这就是头衔的副作用。

### （二）谈判对手类型

《欧也妮·葛朗台》中的葛朗台，只要和别人谈生意就口吃、耳聋，直到对方急躁失算，让他有空子可钻。此外，他唯恐临场失算，谈成生意后总要补上：“我没跟太太商量这个条件，不能最后决定。”以此作为自己反悔的王牌。现实生活中，研究谈判对手的类型，有助于谈判时有的放矢，避免误入谈判陷阱，顺利实现谈判目标。

### 1. 按照对谈判目标的态度分类

（1）执行型谈判对手

执行型的人在谈判中并不少见。他们的最显著特点是，对上级的命令和指示，以及事先定好的计划坚决执行，全力以赴，但是拿不出自己的主张和见解，缺乏创造性，维护现状是他们最大的愿望。

另一特点是工作安全感。他们喜欢安全、有秩序、没有太大波折的谈判。他们不愿接受挑战，不喜欢爱挑战的人。在处理问题时，往往寻找先例，如果出现某一问题，以前用 A 方法处理的，他们就绝不会用 B 方法。所以，这类人很少在谈判中能独当一面，缺少构思能力和想象力，决策能力也很差。但是在某些特定的局部领域中，工作起来得心应手，很有效率。

这种性格的人喜欢照章办事，适应能力较差。他们需要不断被上级认可、指示。特别是在比较复杂的环境中，面对各种挑战，他们往往不知所措，很难评价对方提出新建议的价值，自然，他也很难拿出有建设性的意见。

找出这种人的弱点并不困难，但困难的是怎样利用这些弱点，实行相应的策略。首先，他们讨厌挑战、冲突，不喜欢新提议、新花样；其次他们没有能力把握大的问题，不习惯、也不善于从全局考虑问题；再次他们不愿很快决策，也尽量避免决策；还有他们不适应单独谈判，需要得到同伴的支持；同时他们适应能力差，有时无法应付复杂的、多种方案的局面。

根据上述特点，在谈判中注意这样一些问题：

努力造成一对一谈判的格局，把谈判分解为有明确目标的各个阶段。这样，容易获得对方的配合，使谈判更有效率。

争取缩短谈判的每一个具体过程，这类人反应迟缓，谈判时间越长，他们的防御性也越强，所以，从某种角度讲，达成协议的速度是成功的关键。

准备详细的资料支持自己的观点。执行者常会要求回答一些详细和具体的问题，因此，必须有足够的准备来应付。但不要轻易提出新建议或主张，这会引起他们的反感或防卫。实在必要时，要加以巧妙的掩饰或一步步提出，如果能让他们认识到新建议对他有很大益处，则是最大的成功。否则，会引起他们的反对，而且这种反对很少有能通融的余地，难以说服他们接受。此外，讲话的态度、措辞也很重要，冷静、耐心是不可缺少的。

（2）权力型谈判对手

权力型的人根本特征是对权力、成绩狂热的追求。为了取得最大成就，获得最大利益，他们不惜一切代价。在多数谈判场合中，他们想尽一切办法使自己成为权力的中心，我行我素，不给对方留下任何余地。一旦他们控制谈判，就会充分运用手中的权力，向对方讨价还价，甚至不择手段，逼迫对方接受条件。他们时常抱怨权力有限，束缚了他们谈判能力的发挥。更有甚者，为了体现他们是权力的拥有者，他们追求豪华的谈判场所、舒适的谈判环境、精美的宴席、隆重的场面。

权力型谈判者的另一特点是敢冒风险，喜欢挑战。他们不仅喜欢向对方挑战，而且喜欢迎接困难和挑战，因为只有通过接受挑战和战胜困难，才能显示出他们的能力和树立起自我形象。一帆风顺的谈判会使他们觉得没劲，不过瘾。只有经过艰苦的讨价还价，调动他们的全部力量获取成功，才会使他们感到满足。

权力型谈判者的第二个特点是急于建树、决策果断。这种人求胜心切，不喜欢、也不能容忍拖沓、延误。他们在要获得更大权力和成绩的心情驱使下，总是迅速处理手头的工作，然后着手下一步的行动。对大部分人来讲，决策是困难的过程，往往犹豫、拖延。而这种人则正相反，他们对决策毫不推脱，总是当机立断、充满信心。

在谈判中，这是最难对付的一类人。如果你顺从他，你必然会被剥夺得一干二净；如果你抵制他，谈判就会陷入僵局，甚至破裂。

要对付这类谈判对手，必须首先在思想上有所准备，要针对这类人的性格特点，寻找解决问题的突破口。正像这种人的优点一样，他们的弱点也十分明显：①不顾及冒险代价，一意孤行；②缺乏必要的警惕性；③没有耐心，讨厌拖拉；④对细节不感兴趣，不愿陷入琐事；⑤希望统治他人，包括自己的同事；⑥必须是谈判的主导者，不能当配角；⑦易于冲动，有时控制不住自己。

针对他们的弱点，可从以下几个方面采取对策：

要在谈判中表现出极大的耐心，靠韧性取胜，以柔克刚。即使对方发火，甚至暴跳如雷，也一定要沉着冷静，耐心倾听，不要急于反驳、反击。如果能冷眼旁观，无动于衷，效果会更好。因为对方就是想通过这种形式来制服你。如果你能承受住，他便无计可施，甚至还会对你产生尊重、敬佩之情。

努力创造一种直率的、能让对手接受的气氛。在个人谈判中，面对面直接冲突应加以避免，这不是惧怕对方，而是因为这样不能解决问题，应该把更多的精力放在引起对手的兴趣和欲望上。如，“我们一贯承认这样的事实，你是谈判另一方的核心人物”（引诱其权力欲）。“我们的分析表明谈判已经到了有所创造、有所建树的时刻”（激起挑战欲）。

与此同时，要尽可能利用文件、资料来证明自己观点的可靠性。必要时，提供大量的、有创造性的情报，促使对方就范。

（3）说服型谈判对手

在谈判活动中，最普遍、最有代表性的人是说服型的人。在某种程度上，这种人比权力型的人更难对付。后者容易引起对方的警惕，但前者却容易为人所忽视。在说服者温文尔雅的外表下，很可能暗藏雄心，与你一争高低。

说服者的第一特点是具有良好的人际关系。他们需要别人的选择和欢迎，受到社会承认对他们来说比什么都重要。他们也喜欢帮助别人，会主动消除交际中的障碍，在和谐融洽的气氛中，他们如鱼得水，发挥自如。同时，这种人与下属的关系比较融洽，会给下属更多的权力，使下属对他信赖、忠诚。

说服者的第二个特点是处理问题不草率盲从。他们绝不轻易做伤害对方感情的事。在许多场合下，即使对方的提议他们不同意，也不愿意直截了当地拒绝，总是想方设法说服对方或阐述他们不能接受的理由。

与权力型不同的是，说服者并不认为权力是能力的象征，却认为权力只是一种形式。虽然他们也喜欢权力，认识到拥有权力的重要性，但他们并不以追求更大的权力为满足，而是希望获得更多的报酬、更多的利益、更多的赞赏。

要辨别此类人的需要和弱点是十分困难的，因为他们把自己掩藏于外表之下，处事精明，工于心计，说话谨慎，不露锋芒，外表和蔼，充满魅力。他们比较随和，善于发现和迎合对手的兴趣，在不知不觉中把人说服。总之，他们的弱点并不十分明显。要认识这一类人，要透过表面现象分析其本质。他们的性格可能潜藏着这样的弱点：①过分热心与对方搞好关系，忽略了必要的进攻和反击；②对细节问题不感兴趣、不愿进行数字研究；③不能长时间专注于单一的具体工作，希望考虑重大问题；④不适应冲突气氛，不喜欢单独工作等等。

明确了谈判者的性格弱点，就可以采取相应的策略。首先，要在维持礼节的前提下，保持进攻的态度，并注意双方感情的距离，不要与对手交往过于亲密。必要时，保持态度上的进攻性，引起一些争论，使对手感到紧张不适。

其次，可准备大量细节问题，使对方感到厌烦，产生尽快达成协议的想法。

再次，在可能的条件下，努力造成一对一的谈判局面。说服者群体意识较强，他们善于利用他人造成有利于自己的环境气氛，不喜欢单独工作，因为这使他们的优势无法发挥。利用这一点，我们可以争取主动。

最后，准备一些奉承话，必要时给对方戴个高帽，这很有效。但必须恭维得恰到好处。

（4）疑虑型谈判对手

疑虑型谈判者对任何事都持怀疑、批评的态度。每当一项新建议拿到谈判桌上来，即使对他们有明显的好处，但只要是对方提出的，他们就会怀疑、反对，千方百计地探求他们所不知道的一切。

这种性格类型的另一特点是犹豫不定、难于决策。他们对问题考虑慎重，不轻易下结论。在关键时刻，如拍板、签合同、选择方案等问题上，不能当机立断，老是犹豫反复，拿不定主意，担心吃亏上当。结果，常常贻误时机，错过达成更有利的协议的机会。

这种人的特点之三是对细节问题观察仔细，注意较多，而且设想具体，常常提出一些出人意料的问题。

此外，这种人也不喜欢矛盾冲突，虽然他们经常怀疑一切，经常批评、抱怨他人，但很少会弄到冲突激化的程度。他们竭力避免对立，如果真的发生冲突，也很少固执己见。

因此，与他们打交道应注意的问题是：提出的方案、建议一定要详细、具体、准确，避免使用“大概”“差不多”等词句，要论点清楚，论据充分。

谈判中耐心、细心是十分重要的。如果对方决策时间长，千万不要催促、逼迫对方表态，这样反会更加重他的疑心。在陈述问题的同时，留出充裕的时间让对方思考，并提出详细的数据、说明。在谈判中要尽量襟怀坦荡、诚实、热情。如果他发现你有一个问题欺骗了他，那么再想获得他的信任是不可能的。虽然这类人不适应矛盾冲突，但也不能过多地运用这种方法，否则，会促使他更多地防卫、封闭自己，来躲避你的进攻，双方无法进行坦诚、友好的合作。

**2. 按照所采取的谈判策略分类：**

（1）强硬型谈判对手

有些人在谈判中爱虚张声势，表现得咄咄逼人，动不动就对对手进行威胁，不习惯也没耐心听对方的解释，尽管这种一厢情愿式的主观认识十分可笑，但他们仍乐此不疲，这是一种强硬型的谈判方式。遇到这样的谈判对手，你最好做好心理准备，以应付各种尴尬场面，并在耐心的基础上理直气壮地提出你的理由。

这种人之所以如此“强硬”，一方面可能是他们自身拥有优势，另一方面则可能是其性格原因造成的。

强硬型谈判者中有一类是以攻击为谈判手段的谈判者，其最大特点就是以攻为守，通过猛烈的攻击使对手就范，达到自己的目的。对付攻击型谈判对手的最好方法是避其锋芒，攻其要害。

（2）搭档型谈判对手

有一种谈判对手是搭档型的谈判者，他们在谈判过程中若隐若现，虚实相间，令人防不胜防。

搭档型谈判对手的表现通常是：谈判开始时对方只派一些低层人员作为主谈手，等谈判快要达成协议时，真正的主谈手突然插进来，表示以前的己方人员无权作出这样的决定，或是以前所谈的价格过低，或是时间难以保证。当你表示失望或觉得一切都完了的时候，对方会说："如果你确实急需，我也可以与你成交，但至少在价格上要做些调整……"你往往无可奈何，因为谈判进行到这个时候，对方已掌握你谈判的一切底牌，如果你想达成协议，除了让步外别无他法。

国外的汽车交易商通常采用这种方法。当汽车推销员与你谈好一切条件，你准备付款时，他的老板会突然走出来说："他无权决定汽车的价格，并且汽车售价太低。"

你虽有抱怨但无可奈何。当然，聪明的交易商为了不让你失望，会对你说："如果你确实喜欢这辆车子，而又不介意稍稍提高一点价格的话，我们还是可以成交的。"这一类型的谈判对手往往是谈判桌上的胜利者，因为他们能巧妙地利用顾客的购车欲望。顾客往往会产生多一点钱也无所谓的想法，不愿重开谈判，因为那样意味着又要付出自己难以忍受的时间和精力，从而耽误许多别的重要事情。

因此，在谈判之初，你必须了解对手是否有权在协议书上签字。如果他表示决定权在他的上司那里，那你应坚决拒绝谈判。但也有另外的办法来应付这种情况，既然对手派的是下层人员与你谈判，你也不妨派下属人员去谈判或由别人代替你去谈判，待草签协议之后，你再直接与对方决策人谈判。这样，你将获得较大的转换空间，不至于到关键时刻被别人牵着鼻子走。

如果你的谈判对手伪装成有决定权的人，但当你们准备签订协议时，他突然宣布必须与上司联系获得批准之后方可签字，这时你该怎么办呢？

你如果无法拒绝这笔交易，那你就作出适当的让步，和他们签协议。如果这笔交易对你并无多大诱惑，或你不愿忍受对方的欺骗，受制于人，那你就可以明确地告诉对方："我方的立场不可更改，如果你认为这份协议还有价值的话，那就签字。如果你认为它无足轻重，那我们就说再见。"对方一般会着急，因为他之所以这样做，不过是为追求更大的利润罢了，如果真的丢掉了这笔生意，对他无疑是一个损失。

和搭档型谈判对手进行谈判，一定得小心翼翼，谈判桌上处处是陷阱，稍有不慎就有掉下去的危险。

（3）团体型谈判对手

团体型谈判者是谈判桌上出现得最多的谈判者。一般来说，谈判团体的成员达到三人或三人以上的，皆可称之为团体型谈判者。随着社会的发展，尤其是关于高新技术方面的谈判，往往需要各类专家出席。

如果对方是一个多人团体，而己方只是单枪匹马，这种众寡悬殊的谈判阵势，往往对人多的一方有利，因为他们可以轮流作战，仍保持旺盛精力，而人少的一方却早已筋疲力竭，最终影响判断能力。谈判对手摆出人多势众的阵势，其目的之一就是软硬兼施，令你疲于应付，最后不得不举手投降。

对方人愈多，愈容易摆出各种面孔，在这种情况下，人少的一方一定要镇静。如果你离开谈判桌，他们一定会显得惊惶失措，因为没有了对手的谈判不具有任何意义。

如果谈判激烈，争论不休，己方在应辩上难以自顾，最好的办法就是拖延时间，多增加一些休息的机会。这样，既可在对方攻势凌厉的情况下转变形势，又可给己方增加调整的机会，进行一些必要的磋商，为下一轮谈判作充分准备。

（4）逼迫型谈判对手

逼迫型谈判者也是很难对付的一种谈判对手，他们通常会采取各种方式来威胁对方，使对方就范，如利用期限进行逼迫，利用对方的竞争对手进行逼迫，利用拖延战术进行逼迫，甚至还会用无中生有的方法进行逼迫等。

在诸多逼迫式谈判方法中，期限式逼迫通常为人们采用得最多。一旦对方明白了事情的严重性，自然就会产生一种压力。因为如果放弃，将会前功尽弃，所以宁愿作出一些让步也要达成协议。

例如，有时商家会挂出这样的招牌："店庆十周年优惠酬宾，自三月二十一日至四月二十一日期间，本店所有商品一律九折（特别标明的除外）。"通常这种宣传可以刺激顾客的购买欲，商家所运用的就是期限的魅力。

当然，这样的期限只是单方面制定的，还有一些期限必须是双方所公认的，也就是说具有客观性，不以人的主观意志为转移，不能单方面予以变更。

对于期限式逼迫，通常应根据两个方面的情况进行衡量，一是已方如果超过这个期限是否会有损失且损失有多大，二是已方对这份协议的重视程度如何。一般说来，应认真研究一下对方设定期限的动机，并仔细比较达不成协议对双方各自的损失，由此判断对方设立期限是在制造压力、还是真的不想谈了。

在不能保证所采取的行动对已方确实有利时，一般来说千万不要草率行事，要有充分的耐心。应明白，大多数的期限并不是真正的截止期，而是有商量余地的，你不必对期限过分敏感。通过让两家或两家以上的对手互相竞争，使他们各自产生一定的竞争压力，以坐收渔利，这是一种竞争式的逼迫。

而拖延式逼迫则是故意拖延达成协议的时间，以给对方造成紧张感，使其不得不寻求积极解决的办法，作为让步，从而使事情朝着有利于自己的方向发展。

拖延式逼迫与期限式逼迫正好相反，后者是给定时间，而前者是不给定时间，共同点是都用时间来给对方造成压力。无中生有式逼迫往往是虚设一件事情，或虚设一个竞争对手，让对方在不明就里的情况下产生压迫感，作出让步。

（5）圈套型谈判对手

在各种各样的谈判者当中，最难对付的还是圈套型谈判者。这类谈判者往往在谈判中设下圈套，令你在不知不觉中上当受骗却又无可奈何。他们有的通过语言来设置圈套，有的通过一些动作或事实来设置圈套，有的干脆将整个谈判设置成一个大圈套。因此，在谈判中一定要以求稳为原则。

（6）防御型谈判对手

防御型的谈判者面对强硬派和攻击型对手，一般善于避其锋芒，在进行一定的忍耐和等待之后，找准机会一举反攻。

一般而言，采取防御型方式的谈判对手可能处于以下两种情形中：

一是他们确实未准备好。对方对谈判的各个细节及将要出现的问题还没有足够的认识和准备，或是人员还未安排好，还不能组织有效的进攻，因此不得不采用防御战术。

二是实施防御的背后有阴谋。也许他们已经周密组织，等待你把底牌完全摊开之后再逐条与你讨价还价。等你意识到秘密已不存在而惊呼上当时，为时已晚。

防御型的对手最难缠，因为你不容易了解到他的底细。这类谈判者对任何攻势似乎都无动于衷，有时还故意微微一笑，让人捉摸不透。

**3. 按照谈判者的气质分类**

（1）多血质谈判对手

具有多血质气质的谈判人员，其行为表现是活泼好动，精力充沛，交际广泛，应变能力强，反应迅速，动作灵敏，但情绪易起伏激动，注意力分散。所以，具有这种气质的谈判人员能够适应各种谈判气氛与环境，比较容易同对方相处，能够活跃谈判气氛，消息灵通，处理问题也比较灵活，富于创造性，并且积极主动地寻找解决问题的途径。在困难和挫折面前，比较乐观，有自信心。但其弱点是注意力不易持久，兴趣多变，不善于发现和注意谈判中的某些细节，看问题有时流于表现，不够深刻。总的来讲，这种气质的人善于与人相处，比较适合做谈判工作。

（2）胆汁质谈判对手

胆汁质气质类型的特点是热情直率，精力充沛，对事物反应迅速，工作起来全神贯注，但不够灵活，忍耐性较差，情绪波动较大，易急躁、冲动、发火，也容易息怒。在谈判中，喜欢提问题、建议。胆汁质谈判者的另一突出特点是对自己的目标绝不动摇，也绝不轻易改变自己的决定。他们常常为某个小问题或微不足道的细节而争执，不肯轻易让步。因此，在同这类谈判者交谈时，言行一定要慎重，态度要平和、友好，绝不能用语言刺激对方，同时，也要尽可能体谅他们的某些过火言行。总之，与这种气质类型的人谈判，往往气氛紧张，但达成协议较为迅速。

（3）黏液质谈判对手

黏液质类型的人沉默寡言，安静稳重，反应缓慢，情绪不易外露，注意力稳定，善于忍耐。因此，在谈判中能够从容不迫，很少露出紧张、慌乱的神态。他们善于控制自己，有较强的自信心和影响力，对所讨论的合同条款及细节思考周密、言行谨慎，而且一旦下定决心，做出决策，行动起来有条不紊，不轻易受外界因素的干扰，遇到困难和挫折不轻易退却。这种气质的人由于有较强的内倾性，不喜欢过多地表现自己，因此，在交谈中常常聆听别人的讲话，观看别人的“表演”，这使他有更多的机会观察对方，分析其特点，并伺机进攻。所以综合来说，这是一种较为理想的谈判气质类型。当然，由于这类人不善交际，在某种情况下表现比较被动，缺少热情，有时也会错过极好的交易机会。

（4）抑郁质谈判对手

抑郁质类型的人行为迟缓，孤僻多疑，但观察问题深入细致，体验深刻。这类谈判人员考虑问题慎重多疑，往往能够发现一般人不易察觉的细微之处，他们对合同条款的确定更是千思万虑，反复推敲，不轻易下结论。但在决策阶段，容易犹豫反复，拿不定主意，以至贻误时机。这类人对外界反应比较敏感，也容易受其他因素的干扰，所以与这种气质类型的人谈判，忍耐力、谨慎和细心都是十分重要的。

## （三）世界各国商人的谈判风格

### 1. 美国人的谈判风格

美国人属于性格外向的民族。在谈判中，他们精力充沛，热情洋溢，自信心和自尊感都比较强。无论在陈述已方观点，还是表明对对方的立场态度上，都比较直接坦率。如果对方提出的建议他们不能接受，也是毫不隐讳地直言相告，甚至唯恐对方误会了。

他们的谈判方式是喜欢在双方接触的初始就阐明自己的立场、观点，推出自己的方案，以争取主动。洽商中语言明确肯定，计算也科学准确。他们一般不会漫天要价，也不喜欢别人漫天要价。他们认为，做买卖要双方都获利，不管哪一方提出的方案都要公平合理。

美国人做生意时更多考虑的是实际利益，而不是私人交情，而且还力图把生意和友谊清楚地分开，所以显得比较生硬。美国看重合同，并且特别重视合同违约的赔偿条款。

他们谈判的一般特点是开门见山，报价及提出的具体条件也比较客观，水分较少。他们也喜欢对方这样做，几经磋商后，两方意见很快趋于一致。

美国商人重视时间，还表现在做事要一切井然有序，有一定的计划性。不喜欢事先没安排妥当的不速之客来访。与美国人约会，早到或迟到都是不礼貌的。

美国商人在谈判中会强调包装问题，美国消费者已习惯于包装精美的产品。

与美国客商谈判的另外一个重要因素是要制定一个双方都可以接受的首批订货数量，比如说对于一个涉及5万个产品的订单，也许5%的试销数量就比较合适。

**2. 日本人的谈判风格**

日本人在谈判中的耐心是举世闻名的。与日本人谈判，缺乏耐心或急于求成，恐怕会输得一败涂地。日本人在提出建议之前，必须与公司的其他成员商量决定，这个过程十分烦琐。需要指出的是，日本人做决策费时较长，但一旦决定下来，行动起来却十分迅速。在商务谈判中，如果与日本人建立了良好的个人友情，特别是赢得了日本人的信任，那么，合同条款的商议是次要的。日本人认为，双方既然已经十分信任了解，一定会通力合作，即使万一做不到合同所保证的，也可以再坐下来谈判，重新协商合同的条款。合同在日本一向就被认为是人际协议的一种外在形式。

专家认为，当外商在同从未打过交道的日本企业洽商时，他们应在谈判前就获得日方的信任。公认的最好办法是取得日方认为可靠的、另一个信誉甚佳的企业的支持，即找一个信誉较好的中间人。与日本人谈判，交换名片是一项绝不可少的仪式。谈判之前，把名片准备充足是十分必要的。要面子是日本人最普遍的心理。这在商务谈判中表现得最突出的一点就是，日本人从不直截了当地拒绝对方。许多西方谈判专家明确指出：西方人不愿意同日本人谈判，最重要的一点就是，日本人说话总是转弯抹角，含混其词。当对方提出要求，日本人回答“我们将研究考虑”时，不能认为此事已有商量的余地或对方有同意的表示，它只说明，他们知道了你的要求，他们不愿意当即表示反对，使提出者陷入难堪尴尬的境地。

同样，日本人也不直截了当地提出建议。他们更多地是把你往他的方向引，特别是当他们的建议同你已经表达出来的愿望相矛盾时，更是如此。

### 3. 韩国人的谈判风格

据韩国贸易协会的调查，韩国商人在进行贸易谈判中有一些习惯，了解这些我们可以更好地掌握谈判的主动权。

（1）重咨询。韩国商人对贸易谈判是相当重视的。不对对方有一定的了解，他们是不会与对方坐在同一谈判桌前的。这种了解包括对方的经营项目、资金、规模、经营作风以及有关商品的行情等，而这种咨询了解一般是通过国内外的有关咨询机构。

（2）重气氛。谈判地点的选择是很重要的，韩国商人尤其重视这一点。他们比较喜欢将谈判地点安排在有名气的酒店。如果是他们选择的地方，他们会按时到达，一般主谈，即“拍板者”总是走在最前面。初谈阶段，他们做的第一件事，就是获得对方的好感，彼此信任，创造一个和谐信赖的气氛，然后才开始谈判。

（3）重技巧

韩国商人逻辑性较强，做事喜欢条理化，谈判也不例外，尤其是较大的谈判，往往是直奔主题，开门见山，谈判的方法很多，而韩国商人则喜欢用下面两种：

①横向协商法，即进入实质性谈判后，先列出需要讨论的条款，然后逐条逐项磋商。

②纵向协商法，即对共同提出的条款，逐条协商；取得一致后，再转入下一条。

此外，韩国商人有时也把这两种方法结合起来使用，总之，一切以自己的需要为主。同时，谈判中，韩国商人较爽快，非常善于讨价还价，即使妥协也是进取性的妥协，以退为进。

（4）重策略。在谈判过程中，韩国商人善于把中国古代军事思想运用到现代的谈判桌上，总是用不太主要的问题去佯攻，掩盖他们的主要目标，对方一不留神，就会让他们钻了空子。韩国商人惯于用“苦肉计”，率先忍让以迷惑对方，达到自己的最终目的。此外韩国商人也会“因人施教”，用“坚守原则法”“拖延交战法”等去赢得谈判。

### 4. 德国人的谈判风格

与德国人做生意，你一定要让他们相信你公司的产品可以满足交易规定的各方面的一贯高标准，在某种程度上，他们对你在谈判中的表现的评价取决于你能否令人信服地说明你将信守诺言。

德国人不喜欢对方“研究研究”“考虑考虑”等拖拖拉拉的谈判语言。他们具有极为认真负责的工作态度、高效率的工作程序。

他们在进行商谈之前肯定要进行充分的专业准备。这种准备不仅针对你要购买或销售的产品，而且也包括仔细研究你的公司，看你是否可以作为一个潜在的商业伙伴。在资金问题上，他们特别保守，不愿冒风险。

德国人非常擅长商业谈判，他们一旦决定购买就会想尽办法让你让步，经常在签订合同之前的最后时刻试图让你降低价格，你最好有所提防，或者拒绝，或者作出最后让步。他们认真研究和推敲合同中的每一句话和各项具体条款。一旦达成协议，很少出现毁约行为，所以合同履约率很高，在世界贸易中有着良好的信誉。

他们会对交货日期施加压力，理由是他们自己有极其严密的生产计划，因此你必须保证按时交货，以满足这种生产计划。因此，为做成生意，你不仅要同意遵守严格的交货日期，可能还要同意严格的索赔条款。他们甚至可能会要求你对产品的使用期作出慷慨的担保，同时提供某种信贷，以便在你违反担保时他们可以得到补偿。

德国人的谈判风格是审慎、稳重。他们重视并强调自己提出的方案的可行性，不轻易向对手作较大的让步，让步的幅度一般在 20% 以内，因为他们坚信自己的报价是科学合理的。在实际谈判过程中，最好在谈判的实质问题上先行一步，比如产品价格，抢在德国人之前谈出自己的意图，并表明立场，这也可算是对德国人的一种试探。

在德国做生意面临一个竞争激烈的环境。谈判者会利用这一事实对你的价格施加压力，他们经常提到潜在的竞争，使你不至忘记这一点。

德国人在个人之间的交往上也是十分严肃正统的。如果你和德国谈判对手不熟悉，你要称呼他“史密特先生”（或“史密特博士”），而不要直呼其名“弗里茨”。如果对方是20岁以上的女士，你应该称呼她为“史密特夫人”。穿戴也要正规，要习惯于在所有场合下穿一套西装。无论你穿什么，不要把手放在口袋里，因为这会被认为是无礼的表现。

### 5. 英国人的谈判风格

英国人不轻易与对方建立个人关系，他们不轻易相信别人、依靠别人，但是你一旦与英国人建立了友谊，他们会十分珍惜，长期信任你，在做生意上关系也会十分融洽。所以，一个结论是，如果你没有与英国人长期打交道的历史，没有赢得他们的信任，没有最优秀的中间人作介绍，你就不要期望与他们做大买卖。

在对外交往中，英国人比较注重对方的身份、经历、业绩，而不是像美国人那样更看重对手在谈判中的表现。所以，在必要的情况下，与英国人谈判，派有较高身份、地位的人，有一定的积极作用。

英国人对谈判的准备不充分，他们善于简明扼要地阐述立场、陈述观点；在谈判中，更多地表现为沉默、平静、自信、谨慎，而不是激动、冒险和夸夸其谈。他们对于物质利益的追求，不如日本人表现得那样强烈，不如美国人表现得那样直接。他们宁愿做风险小、利润也少的买卖，不喜欢冒大风险、赚大利润的买卖。

英国商人的一个共同特征，就是不能保证合同的按期履行，不能按时交货。据说这一点举世闻名。英国人为此也做了很大努力，但效果不明显。原因众说纷纭，较为信服的论据是，英国工业历史较为悠久，但近一个世纪发展速度放慢，英国人更追求生活的舒适，而勤奋与努力是第二位的。另外，英国的产品质量、性能优越，市场广泛，这又使英国人忽视了作为现代贸易应遵守的基本要求。

英国人在谈判中缺乏灵活性，他们通常采取一种非此即彼、不允许讨价还价的态度。因此，在谈判的关键阶段，表现得既固执又不愿花费很大力气，不像日本人那样，为取得一笔大买卖竭尽全力。

### 6. 法国人的谈判风格

一些谈判专家认为，如果你与法国公司的负责人或洽谈人员建立了友好、相互信任的关系，那么你也就建立了牢固的生意关系。同时，你也会发现他们是十分容易共事的伙伴。与法国人不要只谈生意上的事，适当的情况下，聊聊社会新闻、文化、娱乐等方面的话题，更能融洽双方的关系，创造良好的会谈气氛，这都是法国人所喜欢的。

法国人有个人所共知的特点，就是坚持在谈判中使用法语，即使他们英语讲得很好也是如此，而且在这一点上很少让步。因此，专家指出，如果一个法国人在谈判中对你使用英语，那么这可能是你争取到的最大让步。

法国人不像德国人那样在签订协议之前认真审核所有具体细节。法国人的做法是：签署交易的大概内容，如果协议执行起来对他们有利，他们会若无其事；如果协议对他们不利，他们也会毁约，并要求修改或重新签署。

法国人在商务谈判中，多由个人决策负责，所以谈判的效率也较高。即使是专业性很强的洽谈，他们也能一个人独当几面。

法国人严格区分工作与休息时间，这与日本人相比有极大的反差。法国八月是度假的季节，全国上下各行各业的职员都会休假，这时候你想做生意是徒劳的。在七月谈的生意，八月份也不会有结果。

此外，法国人习惯在各种社交场合交流，而不是在家里宴请朋友。

### 7. 意大利人的谈判风格

在欧洲国家中，意大利人并不像其他国家那样对时间特别看重，约会、赴宴经常迟到，而且习以为常。

意大利人崇尚时髦，他们对生活中的舒适，如住宿、饮食都十分注重；对自己的国家及家庭也感到十分自豪与骄傲。在商务谈判中，最好不要谈论国家政事，但可以听他们谈谈其家庭、朋友。当然，前提是你与他们有了一定的交情。意大利人性格外向，情绪多变。在谈话中，他们的手势也比较多，肩膀、胳膊、手，甚至整个身体都随说话的声音而扭动，以至于有的专家认为，听意大利人说话，简直是一种欣赏。

意大利人比德国人少一些刻板，比英国人多一份热情。但在处理商务时，通常不动感情。

他们的决策过程也比较缓慢，但不同于日本人，他们并不是要与同僚商量，而是不愿仓促表态。所以，对他们使用最后期限策略，作用较好。

意大利人有节约的习惯，与产品质量、性能、交货日期相比，他们更关心的是花较少的钱买到质量、性能都说的过去的产品。如果是他们卖东西，只要能有理想的价钱，他们会千方百计地满足用户的要求。

**8. 北欧人的谈判风格**

北欧主要是指挪威、丹麦、瑞典、芬兰等国家。北欧人在谈判中十分沉着冷静，即使在关键时刻也不动声色，耐心、有礼貌，但他们不喜欢无休止地讨价还价。如果他们与你做生意，主要是因为他们确认你的产品在市场上是十分优秀的，他们信得过你。但如果你只为自己利益着想，忽视了他们的利益或建议，他们就会改变对你的看法，很可能放弃与你做生意。

北欧人的长处在于他们在最终阶段很坦诚和直率，在谈判中他们能提出富有建设性的意见。他们不像美国人那样，在出价阶段谈得很出色，也不像美国人那样善于讨价还价。他们是比较固执的。与北欧人谈判时，最好是投桃报李，以诚相待，不要过于死板，也不必拘泥于某一问题而拖延谈判，使得谈判出现障碍。

**9. 俄罗斯人的谈判风格**

俄罗斯人的谈判能力很强，这是源于前苏联的传统，这一点美国人、日本人都感受至深。他们特别重视谈判项目中的技术内容和索赔条款。在与俄罗斯人进行洽商时，要有充分的准备，可能要就产品的技术问题进行反复大量的磋商。在谈判中要配置技术方面的专家。同时要十分注意合同用语的使用，语言要精确，不能随便承诺某些不能做到的条件。

俄罗斯人非常善于讨价还价。如果他们想要引进某个项目，首先要对外招标，引来数家竞争者，从而不慌不忙地进行选择。并采取各种离间手段，让争取合同的对手之间竞相压价，相互残杀，最后从中渔利。俄罗斯人开低价常用的一个办法就是“我们第一次向你订货，希望你给个最优惠价，以后我们会长期向你订货”，“如果你们给我们以最低价格，我们会在其他方面予以补偿”，以引诱对方降低价格。要避免这种价格陷阱，专家的忠告是：不要太实在，报个虚价，并咬牙坚持到底。专家建议，对俄罗斯人的报价策略有两种形式：一种是报出你的标准价格，然后力争做最小的让步。你可以事先印好一份标准价格表，表上所有价格都包含适当的溢价，给以后的谈判留下余地。第二种策略是公开表明你的标准价格上加上一定的溢价（如 15%），并说明这样做的理由是同其做生意承担的额外费用和风险。

在俄罗斯，由于缺乏外汇，他们喜欢在外贸交易中采用易货贸易的形式。由于易货贸易的形式比较多，如转手贸易安排、补偿贸易、清算账户贸易等，这样就使贸易谈判活动变得十分复杂。

### 10. 拉美人的谈判风格

与拉美人做生意，要表现出对他们风俗习惯、信仰的尊重与理解，努力争取他们对你的信任。同时，一定要坚持平等、友好互利的原则。

由于拉丁美洲是由众多的国家和地区构成，国际间的矛盾冲突较多，要避免在谈判中涉及政治问题。

在中美洲国家中，各国政府对进出口和外汇管制都有不同程度的限制，而且差别较大。一些国家对进口证审查很严，一些国家对外汇进出入国境有烦杂的规定和手续。所以，一定要进行认真的调查研究，有关合同条款也要写清楚，以免发生事后纠纷。一般来讲，拉美人的生活节奏比较慢，时间概念也较淡薄，他们的悠闲表现为众多的假期上，常常在洽谈的关键时刻，他们要去休假，生意只好等休假完了再商谈。

拉美人也很看重朋友，商业交往常带有感情成分。

拉美人不重视合同，常常是签约之后又要求修改，合同履约率也不高，特别是不能如期付款。

拉美地区不同国家谈判人员特点也不相同。如阿根廷人喜欢握手，巴西人以好娱乐、重感情而闻名，智利、巴拉圭和哥伦比亚人做生意比较保守等。

### 11. 阿拉伯人的谈判风格

阿拉伯人信奉伊斯兰教，在任何场合都要得体地表示你对当地人宗教的尊重与理解。中东是一个敏感的政治冲突地区，在谈生意时，要尽量避免涉及政治问题，更要远离女性话题。

阿拉伯人具有沙漠地区的传统。首先，他们十分好客，任何人来访，他们都会十分热情地接待。因此，谈判过程也常常被一些突然来访的客人打断，主人可能会抛下你，与新来的人谈天聊地。所以，与他们谈判，你必须适应这种习惯，学会忍耐和见机行事。这样，你就会获得阿拉伯人的信赖，这是达成交易的关键。

其次，有时使人感觉阿拉伯人不太讲究时间观念，随意中断或拖延谈判，决策过程也较长。但阿拉伯人决策时间长，不能归结于他们拖拉和无效率。这种拖延也可能表明他们对你的建议有不满之处，而且尽管他们暗示了哪些地方令他们不满，你却没有捕捉到这些信号，也没有做出积极的反应。

再次，阿拉伯人喜欢同人面对面地争吵，同时不喜欢刚一见面就匆忙谈生意。他们认为，一见面就谈生意是不礼貌的。他们希望能花点儿时间同你谈谈社会问题和其他问题，一般要占去 15 分钟或更多的时间，有时要聊几个小时，因此，你最好把何时开始谈生意的主动权交给阿拉伯人。

他们特别重视谈判的开端，往往会在交际阶段（即广义上的制造气氛和寒暄阶段）花费很多时间。经过长时间地、广泛地、友好地往来增进了彼此的敬意，也许会出现双方共同接受的成交可能性。于是，似乎是在一般的社交场合，一笔生意竟然做成了。

与中东地区的人谈判，必须把重点放在制造谈判气氛和试探阶段的工作上。传统阿拉伯式谈判的最大长处，是可以大大缩短讨价还价和交涉阶段，尽快达成协议。

最后，与阿拉伯人做生意，寻找当地代理商也是十分必要的。阿拉伯人做生意特别重视朋友的关系。许多外国商人都认为，初次与阿拉伯人交往，很难在一两次交谈中涉及业务问题。只有经过长时间的交往，特别是你与他们建立了友谊后，才可能开始真正的交易谈判。而有中间商从中斡旋，则可大大加快这种进程。如果是中间商替你推销商品，交易也会比较顺利。

## 目标明确，让你在谈判中有的放矢

在谈判准备阶段，谈判者首先要考虑的问题是：为什么要进行谈判？想实现什么样的目标？谈判者在准备阶段中确定的目标，是指在一定环境和条件下，通过谈判来实现的结果。确定谈判的目标，不应仅停留在原则性的讨论，而应拟订具体、明确的目标。谈判者可以从各个方面，包括用数学语言、统计方法及确定时间范围、强化所订目标等方法，使自己对确认的目标有一个明确的认识。如果目标的确定是空的甚至是模糊的，任务就很难完成。

要明确在谈判准备阶段的目标，我们首先还必须明确预期目标的概念。预期目标是谈判者单方希望达到的理想目标，它体现了谈判者的主观价值。但预期目标不一定会实现，在讨价还价中往往被打折扣，尽管如此，在谈判准备阶段最先设定的是预期目标，并应作出详细的说明，而这种说明应是具体、准确的，不能含糊不清。

其次，我们还应明确阶段性目标。阶段性目标是指谈判者在谈判中要完成的阶段性任务，它体现着谈判者的阶段性愿望。谈判的阶段性目标必须实事求是，科学地体现预期层次性和系统性，谈判的阶段性目标依据实际需要，建立在谈判阶段性基础上。

尽管谈判的阶段性目标是预期目标的基础，但要求谈判阶段性目标的确定必须准确、具体，并应有灵活性和回旋余地。

最后，谈判者要通过谈判努力争取实现目标，它体现着谈判的实现价值。谈判的实现目标可能与谈判的预期目标一致，也可能有一定差距，这要依谈判中各种主客观条件、双方努力程度和策略及目标的调整等各种因素互为作用的结果而定。一般说来，谈判前预期目标定得愈高，实现率就愈小，预期目标定得愈低，实现率就愈大。英国谈判理论家P·D·马叶认为：终极目标（即预期目标）一经确定，谈判人员应对要求获得的结果有一个原则上的或数量上的认识或看法，至于这个目标是否成为最终的谈判目标，或需进一步加以修改，则取决于谈判人员对可能造成的影响的各种因素的分析，以及与对方探索性谈判的结果如何而定。

可见，谈判的实现目标只能在谈判的结局中看到，并受到各种因素的制约，这是谈判实现目标的一个特点。

要强调的是，谈判是双方进行价值评价和价值交换的过程。谈判实现的目标应是各方都获利，而不能建立在一方全得、另一方全失的基础上。尼尔伦伯格在《谈判艺术》一书中精辟地指出：谈判的目标，应是双方达成协议，不是一方独得，即使其中有一方不得不作出重大牺牲，整个格局也应该是双方各有“所得”。应指出的是，除价格外，谈判一般存在着多个目标，这就有必要根据其重要性考虑优先次序，确定哪些目标可以舍弃，哪些目标应争取达到，哪些目标又是绝对不能降低要求的。此外，还应考虑长期目标与短期目标的问题。

以商家采购商品进行销售为例，可以做以下考虑：①只考虑价格，牺牲质量以低价进货；②只考虑质量，以高价购入高质量商品，并期望以高价销售保证利润；③将质量与价格综合考虑；④能否得到免费的广告宣传；⑤将价格、质量和免费的广告宣传结合起来考虑。

在上述五种可能的目标中，不难看出，价格和质量问题是基本目标，如果这两个问题不解决，谈判就不可能取得成效。

# 行之有效，让你在谈判中事半功倍

可行性分析是指在谈判前对可能影响谈判的主客观因素进行调查研究，预测成败得失，以确定其是否可行，为谈判选择方案奠定基础。澳大利亚的P·R·汤姆森曾经给投资谈判可行性研究下了如下定义："对一项投资建议书的所有阶段，尽量考虑其细节的一种调查研究，考虑几个可行的方案。排除可行性不大的，择取可行性最大的一个，并进行更详细的调查研究。"这一定义具有普遍意义。

谈判准备阶段的可行性研究主要包括以下几个方面：

### 1. 信息收集、整理与研究

对与谈判有关的信息资料的研究是建立在对有关信息资料的收集与整理的基础上的。掌握的信息资料越全面、分析得越充分，谈判成功的可能性就越大。

在信息的收集过程中，应坚持"快"和"多"的原则，而对它的质量和价值，则应在信息整理过程中研究。

信息对谈判者而言，是一种宝贵的资源。在谈判中，即使谈判的标的和目标很明确，往往也会受到来自各方面因素的干扰。因此，收集一些必要的信息是必不可少的，这些信息主要包括：

（1）政治法律环境因素。政治法律环境对于谈判的影响是全过程的，这其中既有谈判的结果，又关系到谈判协议的履行效果。

（2）市场环境因素。主要是分析市场行情走势、市场供求状况等。

（3）自然环境因素。由于自然环境的不同，决定了产品的原材料供应、运输方式、储存条件及商品的包装、装饰等多方面的差异。

（4）文化环境因素。不同国家、地区的商人有各自不同的商业习惯、宗教信仰、社会风俗等等。实践证明，研究文化社会环境有助于谈判者更好地理解对方的谈判行为，对于维持良好的谈判气氛是十分有益的。

（5）谈判对手的信息。主要是了解谈判对手的合作意愿、对方公司的资信状况以及谈判对手的资历、地位、谈判风格以及与我方交往的历史情况，以便于采取不同的谈判策略，控制谈判的局势。

（6）谈判话题的信息。谈判人员对谈判话题须有较为专业和全面的知识，例如，交易的是商品，那么对商品的性能特点、工艺过程、原材料供应状况、质量标准、价格水平及市场供求状况等情况了如指掌。这样，不论作为卖方或买方都可以自如地介绍商品或提出质疑。

（7）谈判者的自我评估。谈判者要正确评估自己的实力，了解自己的弱点，明确自己的利益目标。正确的自我评估，可以使谈判者保持清醒的头脑，在谈判中做到避实就虚，以己之长补己之短。

**2. 方案的比较与选择**

在可行性研究阶段，需要拟订出谈判的各种方案进行比较和选择，看哪一种方案能获取最大利益，并能让对方接受，同时要研究对方可能提出的方案和这些方案对本方的利益影响以及应付方法。另外，方案的比较与选择还包括己方将派出什么人员、采取哪些手段、运用何种方法等等。

**3. 谈判的价值构成分析**

谈判价值构成是谈判者讨价还价的依据，也是研究、选择方案的基础。谈判准备阶段要研究的核心问题就是分析预测双方谈判的价值所在以及起点、界点、争执点，进而分析双方是否存在谈判的协议区，幅度多大，并由此决定谈不谈和如何谈的问题。如果谈判者不想因盲目谈判而给己方造成不良后果，就应重视对谈判价值构成的分析。

**4. 各种主、客观情况预测**

对各种可能发生的情况进行预测，从而为比较和选择方案、考虑应付的方法提供依据。从某种意义上看，情况的预测工作往往决定谈判的方案比较与选择工作的成败。

### 5. 综合分析，作出结论

综合分析就是在信息资料的收集、方案的比较与选择、价值构成的分析和各种主、客观情况预测的基础上，进行总体研究，作出结论，并确定谈判方案。这是谈判准备阶段可行性研究的归宿和结晶，但这时的结论或方案还仅是初步的，还应随着谈判进程不断加以补充和修订。

# 周密的谈判计划能够让你在谈判中步步为营

在可行性研究的基础上，对已经形成或选择的谈判方案的有关内容，应予以工作上的规划和安排，对执行谈判方案的要求、方法和步骤进行计划编制，目的就在于确保谈判方案的贯彻与实施。

编制谈判计划的工作尽管很繁杂，但对于谈判的准备阶段是十分重要的。一个全面、具体、周密的谈判计划，能确保己方谈判方案的顺利完成；相反，一个粗糙的谈判计划，往往会使己方在谈判桌上漏洞百出、十分被动，也难以实现预期的谈判目标。

一个周密的谈判计划，至少应包括以下内容：

（1）谈判的总体思想、原则和战略。这是统帅谈判全局的核心和灵魂，谈判者应将其作为谈判的大前提首先予以确定，并在谈判的计划编制中反映出来。

（2）谈判各阶段的目标、准备和策略。这是谈判计划编制的重点，因为只有具备这些内容的谈判计划才称得上具备了好计划的条件。

（3）谈判准备工作的安排。在谈判的准备阶段到谈判正式展开之间有许多工作要做。例如人员调整、临时训练、礼仪接待等，都应一一落实，才能给人以训练有素、临阵不乱的印象。

（4）提出条件和讨价还价的方法。编制计划中应对己方如何巧妙、合理地与对方提条件、讨价还价等有关问题一一落实，才能在谈判桌上有章可循、胸有成竹。

（5）谈判的让步方法、措施与步骤。在编制谈判计划时，应对谈判让步的方法、措施与步骤先有所安排，核算成本，并确定怎样让步和何时让步。重要的是在谈判之前要考虑几种可供选择的竞争策略，万一对方认为你的合作愿望是软弱的表示时，或者对方不合情理、咄咄逼人，这时改变谈判策略，可以取得额外的让步。

（6）对各种突变情况的预测与对策。谈判桌上气象万千，谈判计划应将各种突变情况考虑在内，并制订相应的对策，才能使己方不致因情势变化而陷于被动。

（7）对谈判结局的分析与评估。谈判结局受制于双方的竞争，一般是对单方意愿的折扣。编制谈判计划时，应预测谈判的结果，分析和评估谈判结局对己方的影响。

（8）时间、地点和人员的安排。这些都是谈判前需要确定的具体问题，也是编制的计划中不可或缺的内容。

（9）后方工作的安排。主要指诸如资料的整理、打印、计算、翻译等有关工作，也应在编制谈判计划时考虑在内。

# 详细的谈判议程能够掌控谈判节奏确立主动

谈判议程是指有关谈判事项的程序安排。在谈判的准备阶段，己方应率先拟定谈判议程，并争取对方的同意。关于谈判议程由谁确定，并无定法，实践中一般以东道主为先，经协商后确定，或双方共同商定，也有单方面主动提出的，这就需要对方同意方能成立。

谈判前己方率先拟定谈判议程的好处在于：谈判起来轻车熟路，在谈判心理上占有优势，便于己方提前安排工作，如计划出席人员、做好后勤服务等，同时也为己方在谈判准备阶段的假设预习提供了依据。

首先，谈判的议程安排应根据己方的具体情况，在程序上避己所短扬己所长。例如，在购销合同谈判的议程中，可以先安排对己方的优质产品进行鉴定，让事实来加强己方的报价能力，这就给己方提供了先声夺人的机会。当己方对某种信息尚未获得或某个话题尚不宜触及以及某种情势尚无定局时，可以安排在最后或必要的时间洽谈，以免陷于被动。另外，还应回避那些可能使对方难堪从而导致谈判失败的话题。这一切在拟定谈判议程时理应有所安排。

其次，议程的安排要为己方出其不意地运用谈判策略埋下契机。谈判是一项技术性很强的工作，为使谈判在不损害他人利益的基础上达成对己方更为有利的协议，可随时卓有成效地运用谈判策略和技巧。在拟订谈判议程时，能否为策略的运用创造有利条件而又不弄巧成拙，这是一种艺术。

另外，谈判议程要能够体现己方谈判的总体方案，引导或控制谈判的速度、方向以及让步的限度和步骤等。应当指出，无论谈判议程编制得多么好，都不会是一劳永逸的事，也不可能使谈判的每一步都成功。

# 第四章

# 进退有据，掌握谈判开局阶段的主动权

## 万事开头难，好的开局需要注意方式方法

谈判的开局阶段主要是指谈判双方见面后，在进入具体交易内容讨论之前，相互介绍、寒暄以及就谈判内容以外的话题进行交谈的那段时间和经过。开局阶段所占用的时间较短，谈论的内容也与整个谈判主题关系不大或根本无关，但这个阶段却很重要，因为它为整个谈判奠定了基础。经验表明，在非实质性谈判阶段所创造的气氛会对谈判的全过程产生作用和影响。因此，谈判人员在此阶段的目的和任务就是要为谈判创造一个和谐的气氛，为谈判的后几个阶段打下良好的基础。

谈判开局若处理不好，会导致两种弊端：一是目标过高，使谈判陷于僵局；二是要求太低，达不到预期目的。因此，在谈判开局阶段，应做好以下几方面的工作：

### （一）掌握正确的开局方式

开局的方式是制订开局策略的核心问题。从谈判内容、程序和谈判人员方面来看，谈判人员的所作所为是左右谈判开局的重要因素。这里所说的谈判人员的所作所为是泛指谈判人员之间相互作用的方式；谈判人员的各自性格融合或冲突的方式；谈判人员影响谈判的方式以及谈判一方对另一方影响的措施等等。因此，积极主动地调节对方的所作所为，使其与我方的所作所为相吻合，即主动地对谈判人员这个影响谈判的重要因素施加影响，创造良好的谈判气氛，是顺利开局的核心。

开局切忌过分闲聊，离题太远。话题应相对集中于会谈的目的、计划、速度和人物这四个方面。谈判的目的因各方出发点不同而有不同的类型，比如：探测型意在了解对方的动机；创造型旨在发掘互利互惠的合作机会；论证型旨在说明某些问题。还有达成原则协定型、达成具体协定型、批准草签的协定型、回顾与展望型、处理纷争型。谈判的计划是指会议的议事日程。速度是指谈判进展的快慢。人物则是指谈判双方的人员组成。总之，如果在开局过程中把话题集中在这四个方面，则开局结果一定令人满意。

最为理想的开局方式是以轻松、愉快的语气先谈些双方容易达成一致意见的话题。比如："咱们先确定一下今天的议题，如何？""先商量一下今天的大致安排，怎么样？"这些话从表面上看好像无足轻重，但这些要求往往最容易引出对方肯定的答复，因此比较容易创造一种"一致"的感觉。如果能够在此基础上，悉心培养这种感觉，就可以创造出一种"谈判就是要达成一致意见"的气氛，有了这种"一致"的气氛，双方就能比较容易地达成互利互惠的协议。可见，良好的开局方式可谓是成功的一半。

### （二）怎样避免一开局就陷入僵局

商务谈判双方有时会因彼此的目标、对策相差甚远而在一开局就陷入僵局。这时双方应努力先就会谈的目的、计划、速度和人物达成一致意见，这是掌握好开局过程的基本策略和技巧，实践证明适合于各种谈判。若对方因缺乏经验而表现得急于求成，即开局一开始就喋喋不休地大谈实质性问题，这时我们要善而待之，巧妙地避开他的要求，把他引到谈判的目的、计划、速度和人物等基本内容上来，这样双方就很容易合拍了。当然，有时候谈判对手出于各种目的在谈判一开始就唱高调，那么我方可以毫不犹豫地打断他的讲话，将话题引向谈判的目的、计划等问题上来。总之，不管出于哪种情况，谈判者应有意识地创造出"一致"感，以免造成开局即陷入僵局的局面，为创造良好的开局气氛创造条件。

### （三）开局阶段应考虑的因素

不同内容和类型的谈判，需要有不同的开局策略与技巧与之对应。为了结合不同的谈判项目，采取恰当的策略与技巧进行开局，需要考虑以下几个因素：

#### 1. 看谈判双方的业务关系

根据谈判双方之间的关系来决定建立怎样的开局气氛、采用怎样的语言，以及何种交谈姿态。具体有以下四种情况：

（1）谈判双方有过良好的业务合作。在这种情况下，开局阶段的气氛应是热烈、友好、真诚、轻松愉快的。谈判双方的语言应是热情洋溢的，内容上可以畅述双方的友好合作关系，亦可适当称赞对方企业的进步和发展，姿态上应比较自由、放松、亲切，可以较快地将话题引入实质性谈判。

（2）谈判双方有过业务往来，但关系一般。那么，开局的目标仍要争取创造一个比较友好、随和的气氛，但谈判人员在语言的热情程度上应有所控制，内容上可以简单地说说双方过去的业务往来，亦可谈些双方人员在日常生活中的兴趣和爱好，姿态上可以随和自然。在适当的时候，自然地将话题引入实质性谈判。

（3）谈判双方有过不尽如人意的业务往来。那么，开局阶段的气氛应是严肃、凝重的。语言上在注意礼貌的同时，应比较严谨，甚至带一点冷峻；内容上可以对过去双方业务关系表示遗憾，以及希望通过本次磋商来改变这种状况，也可谈论一下途中见闻、体育比赛等中性话题；姿态上应充满正气，并注意与对方保持一定的距离。在适当的时候，可以慎重地将话题引入实质性谈判。

（4）谈判双方从未有过业务往来。那么，开局应力争创造一个友好、真诚的气氛，以淡化和消除双方的陌生感，以及由此带来的防备甚至略含敌对的心理，为实质性谈判奠定良好基础。在语言上应表现得礼貌友好，但又不失身份；内容上多以途中见闻、体育消息、天气状况、个人业余爱好等比较轻松的话题为主，也可以就个人在企业的任职情况、负责范围、专业经历等进行一般性的询问和交谈；姿态上应不卑不亢，沉稳中不失热情，自信但不骄傲。在适当的时候，可以巧妙地将话题引入实质性谈判。

### 2. 看谈判双方的个人感情

谈判是人们相互交流思想的一种行为，个人感情会对交流的过程和效果产生很大的影响。如果双方谈判人员过去有过交往和接触，并结下了一定的友谊，那么开局即可畅谈友谊，也可回忆过去交往的情形，或讲述离别后的经历，还可以询问对方家庭的一些情况，以增进相互间的个人感情。实践证明，一旦谈判双方建立了良好的个人感情，则对谈判的妥协、让步、成交有所促进。

### 3. 看双方的谈判实力

就双方的谈判实力而言，不外乎以下三种情况：

（1）双方谈判实力大致均衡。为防止一开始就强化对方的戒备心理和激起对方的敌对情绪，以致使这种气氛延伸到实质性阶段而使双方互不买账、一争高低从而造成两败俱伤的局面，开局阶段要注意创造一个友好、轻松的气氛。谈判人员的语言和姿态要做到轻松而不失严谨、礼貌而不失自信、热情而不失沉稳。

（2）我方谈判实力明显强于对方。为使对方清醒地认识到这一点，在谈判中不抱过高的期望值，从而产生威慑作用，同时又不致将对方吓跑。开局阶段的谈判，我方在语言和姿态上，既要表现得礼貌友好，又要充分显示出我方的自信和气势。

（3）我方谈判实力弱于对方。为不使对方在气氛上占尽上风而影响实质性谈判，开局阶段我方在语言和姿态上，既要表示友好和积极合作，也要充满自信、举止沉稳、谈吐大方，使对方不至于轻视我方。

## 和谐的谈判气氛更容易说服对方达成协议

任何谈判都是在一定的气氛中进行的，谈判气氛的形成与变化，将直接关系到谈判的成败得失，影响到整个谈判的根本利益和前途，成功的谈判者无一不重视在谈判的开局阶段创造良好的谈判气氛。

一些西方谈判专家把谈判气氛分为四种类型：

（1）洽谈气氛的表现是冷淡、对立、紧张。在这种气氛中，谈判双方人员的关系并不融洽、亲密，互相表现出的不是信任、合作，而是较多的猜疑与对立。

（2）会谈气氛是松松垮垮、慢慢腾腾、旷日持久。谈判人员在谈判中表现出漫不经心、东张西望、私下交谈、打瞌睡、吃东西等。这种谈判进展缓慢，效率低下，会谈也常常因故中断。

（3）谈判人员心情愉快，交谈融洽，会谈有效率、有成果。

（4）洽谈气氛平静、严肃、谨慎、认真。意义重大、内容重要的谈判，双方态度都极其认真严肃，有时甚至拘谨。每一方讲话、表态都思考再三，绝不盲从。会谈有秩序、有效率。

谈判者的言行、谈判的空间、时间和地点等等都是形成谈判气氛的因素。谈判者应把一些消极因素转化为积极因素，使谈判气氛向友好、和谐、富有创造性方向发展。形成洽谈气氛的关键时刻往往是短暂的，可能只有几秒钟，最多也不超过几分钟。实际上，当双方准备一起洽谈时，气氛就已经形成了，而且将会延续下去，以后便很难改变。因为此时热烈或冷漠、合作或猜疑、友好或防范等情绪已经出现了，所表现的行动不是轻松便是拘谨；谈判的形式也已经确定：谁发言、说多少，双方的策略已经明晰，甚至已逐渐达到知彼知己的程度。当然，谈判的气氛不仅受最初几秒钟内发生的事情影响，而且还受到双方见面之前的交往情形，以及洽谈中彼此接触情绪的影响。但是，开始见面形成的印象，比相见前形成的印象强烈得多，甚至会很快地取代以前的印象。

第一印象在人们的相互交往中十分重要。如果对方在与你初次交往中，对你的言行举止反映良好，就会对你产生好感、信任，并愿意继续保持交往；反之，就会疏远你，而且这种印象一旦形成，就很难改变。因此，要创造相互信任的谈判气氛，就要争取给对方留下良好的第一印象。

要想形成一个和谐的谈判气氛，要把谈判的时间、环境等客观因素与谈判者自身的主观努力相结合，应该做好以下几方面的工作：

### 1. 谈判者要在谈判气氛形成过程中起主导作用

形成谈判气氛的关键因素是谈判者的主观态度，谈判者积极主动地与对方进行情绪、思想上的沟通，而不能消极地取决于对方的态度。

### 2. 心平气和，坦诚相见

谈判之前，双方无论是否有成见，身份、地位、观点、要求有何不同，一旦坐到谈判桌前，就意味着双方共同选择了磋商与合作的方式解决问题。这就要求谈判者抛弃偏见，全心全意地效力于谈判，切勿在谈判之初就以对抗的心理出发，这只能不利于谈判工作顺利进行。

### 3. 不要在一开始就涉及有分歧的议题

谈判刚开始，良好的气氛尚未形成，最好先谈一些友好的或中性的话题。中性话题的范围很广，一切和正题不相干的话题都是中性的。这里我们把它归纳为四个方面：（1）来访者旅途的经历。如对方乘飞机来，可以问旅途的有关经历、见闻。（2）体育新闻或文娱消息，如：“您看没看昨晚电视转播的球赛？”“今天晚上中国京剧团将举行慰问演出，你们是否想看？”（3）个人的爱好。如“您喜不喜欢京剧？”“周末常去垂钓吗？”（4）对比较熟悉的谈判人员，还可以谈谈以前合作的经历，打听一下熟悉的人员等。这样的开场白可以使双方找到共同的话题，为心理沟通预先做好准备。但是，中性话题也有积极、消极之分，谈判人员应设法避免令人沮丧的话题。比如“今早乘车来，公路上出现了一起车祸，堵塞了交通，我们真担心会迟到了”。

从维持谈判气氛来讲，说话的另一大忌是口吐狂言、滔滔不绝。说话表现出轻狂傲慢、自以为是，会引起对方的反感、厌恶，招致对方的攻击。口若悬河、滔滔不绝地讲话，会使人失去倾听对方的机会，忽略对方要求，给对方抓住口实的把柄。多数情况下，对方不是在听你的“讲演”，而是在欣赏你的“表演”。要避免犯类似错误，可以经常问自己：“我是不是讲得太多了？”“是否给对方留出了讲话的机会？”“他为什么没有讲？”这样，你就能时刻保持清醒的头脑。

实际上，在闲聊中，双方也同时在传递一些无声的信息，它同样具有很强的感染力。这时，给人的第一个印象是形象，包括一个人的姿势，它可以反映出这个人是信心十足还是优柔寡断，是精力充沛还是疲惫不堪，是轻松愉快还是剑拔弩张。反映这些情绪的关键部位是头部、背部和肩膀。除了姿势以外，形象还反映在谈判人员的穿着仪表上：他的服装是深色还是浅色，是流行色的还是匠心独具的，是整洁还是不修边幅。但很快，仪表留给人的印象会被其他印象逐渐淡化。最强烈的印象，是双方目光的接触，而且第一次的目光接触最为重要。

从目光的接触中，可以了解对方是开诚布公的还是躲躲闪闪的，是以诚相待的还是怀疑猜测的。除此之外，给人留下深刻印象的因素还有手势。很多情绪可以通过手势反映出来。比如，握手可以反映出对方是强硬的还是温和的或理智的。在西方，一个人如果在用右手与对方握手的同时，又把左手放在他的肩膀上，这就说明此人精力充沛，或者说明权力欲很强（这是一种过于激烈的举动，他想控制别人）。有时，甚至人身上的气味也会成为影响谈判的因素。曾有一位能力极强的谈判人员，要不是因为他身上的气味令周围的人无法忍受，本来应该可以成为一位出色的谈判家。洽谈的进展速度，实际上在洽谈之初就已经确定了，从双方互相问候、步行速度就可以看出这一点，诸如客人走进房间的速度、主人从桌前站起来或走上前的速度以及双方聊天的速度等等。但这些动作的速度通常是难以确定的，而经常遇到的问题是，由于洽谈人员拿不准该谈些什么而出现停顿和冷场，从而减缓了随后谈判的速度；相反，如果洽谈人员讲话速度很快，滔滔不绝，慌慌张张，同样是一个不妙的开端，通常需要的是既轻松而又有效率的谈判速度。

**4. 不要刚一见面就提出要求**

这样很容易使对方的态度即刻变得比较强硬，谈判的气氛随之恶化，双方唇枪舌剑、寸步不让，易使谈判陷于僵局。由此可见，在谈判尚未达成必要的气氛之前，不可不讲效果地提出要求，这不仅不利于培养起良好的谈判气氛，还会使谈判基调骤然降温。

开场白阶段，不管是讲话的速度还是无声的印象，都会为谈判奠定基调。当坐到椅子上之前站着的时候，正是洽谈做开场白的最佳时刻。原因在于，许多社交活动站着比坐着进行更方便些。站着比较容易改变和对方的接触角度，它可以离得近些，也可以远些，而坐定在某一地方就很难做到这一点，况且坐在椅子上经常要与对方两眼相视。另外，假如洽谈气氛在人们站着寒暄时就已经建立起来，则由站立转为坐下，还可以被用来强调地表示下面将从一般性寒暄转入正式的业务谈判，从而应该把精力投入到正式工作中了。

开讲阶段的进行过程被人们称之为“入题阶段”。由于谈判即将进行，双方都会感到有点紧张，因而需要一段沉默的时间，以调整与对方的关系。这段时间应占整个洽谈时间的5%。也就是说，如果洽谈准备1个小时，沉思时间为3分钟，如果洽谈准备持续几天，最好在开始谈生意前的某个晚上一起吃一顿饭。如果是以小组而不是个人为单位进行洽谈，那么，掌握好建立洽谈气氛的时间，其意义更为重大。

对方谈判经验和技巧无需语言就可以反映出来，比方说他的姿势、表情以及他“入题”的能力。如果他在寒暄时不能应付自如，或者突然单刀直入地谈起生意来，那么可以断定他是谈判生手。谈判高手总是留心观察对方这些微妙之处。对方的谈判作风，同样可以在开场阶段的发言中反映出来。一位经验丰富的谈判人员，为了谋求双方的合作，总是在开始时讨论一般性的题目，另一种具有不同洽谈作风的人员，虽然他的经验同样丰富，但其目的是为了对谈判产生影响，他显然会采取不同的措施。一进入谈判，他就极力探求双方的优势和劣势，探听哪些是自己必须坚持的原则，以及在哪些问题上可以让步，他不仅要了解“自己”的情况，甚至对每一个己方人员的背景、价值观、每一个人有把握的和担心的事，以及是否可以加以利用等问题，都要搞得一清二楚。这些信息，对于那些玩弄花招、以牺牲对方利益而谋取自己利益的人来说，是至关重要的。这些信息能成为他在以后的谈判中使用的武器。如果把谈判比作游戏，而且彼此商定，游戏以一方的胜利而告终，那么他的举动是无可非议的。当管理者一旦察觉到谈判中间将会发生冲突，就必须万分小心。虽然管理者还无法判定谈判将会怎样展开，但是已经看见了“黄灯”。虽然这并不等于表示“进攻”的“红灯”，但起码已显示出对方有些神经质或是经验不足，或是对谈判有些不耐烦了。也许对方十分好战，“黄灯”真正转成“红灯”，但对管理者来讲，这就极易做出相对的反应了，披上管理者的战袍，投入战斗。

如果在这个阶段，管理者还不清楚对方这些行动的意思，而管理者在谈判开始时所采取的是与对方“谋求一致”的方针，这时就应该引导对方与自己协调合作，并进一步给对方机会，使他们能够适应自己的方针，同时自己也应该有更充裕的时间和机会，把对方的反应判断清楚。

这时，管理者施展技巧的目的是努力避开锋芒，使双方走向合作。管理者应不间断地讨论一些非业务性话题，并更加关注对方的利益。这是一段开场对话：“欢迎你，见到你真高兴！”“我也十分高兴来这里。近来生意如何？”“这笔买卖对你我都很重要，但首先我对你的平安抵达表示祝贺。旅途愉快吗？”“这个问题也是我们这次要讨论的，旅途中饮食怎么样？来点咖啡好吗？”

这并不是一个漫无边际的闲扯，虽然表面上它与将要谈判的问题不相干。但是，如果对方在这段谈话之后，仍坚持提出他的问题，管理者就可以认为“黄灯”有变为“红灯”的危险。如果能够接受这种轻松的聊天，虽然这并不能改变“黄灯”仍然亮着的事实，但它告诉管理者它有转为“绿灯”的可能。在这个阶段，管理者最容易犯的错误，是过早设定对方的意图。因为无论如何，自己已经掌握了一些信息，对于这些信息，管理者还要在洽谈及实质性谈判的过程中，做出更深入的分析。

应当指出，维护和谐的谈判气氛，并不是一味迁就、讨好对方，这样只会助长对方的无理要求。和谐的谈判气氛是建立在互相尊重、信任、谅解的基础上的，该争取的一定要争取，该让步时也要让步。如果对方毫无谈判诚意，只想趁机钻空子，那就必须揭露其诡计，并考虑必要时退出谈判。

# 正确处理开局阶段的“破冰”期

我们把谈判涉入正题前的准备时间称为“破冰”期。谈判开局的准备时间与谈判前的准备阶段不同，它是谈判已经进入开始阶段的短暂的过渡时间，谈判的各方见面、寒暄、握手、笑谈等都是在此期间进行的。

“破冰”期掌握得好与坏，对谈判的进程影响很大。“良好的开端是成功的一半”，正确把握“破冰”期，有利于谈判期的自然过渡，但如何把握“破冰”期呢？

“破冰”期是谈判开局阶段的准备，那么这种准备时期应该把握多长时间为宜呢？这要根据谈判的具体情况而定，通常情况下“破冰”期控制在全部谈判时间的 2% ~ 5% 为宜。比如，长达 5 个小时的谈判，那么用 15 分钟的时间来“破冰”就足够了。长时间或多轮谈判，“破冰”期可以相对延长，例如，谈判双方在异地的大型会谈，可用整天的时间组织观光、沟通感情、增进了解，为正式谈判创造良好的气氛。

“破冰”期是走向正式谈判的桥梁。如何掌握好“破冰”期的“火候”，也是谈判者的一种艺术，成功的谈判者都会正确处理好“破冰”期开始。“破冰”期延续得长了，会降低谈判效率，增大成本投入，甚至会导致谈判者厌烦，产生适得其反的后果；“破冰”期进行得短了，会使谈判者感到生硬、仓促，谈判起来没有“水到渠成”的感觉，达不到创造良好开端的目的。至于“破冰”期究竟进行到何种状态才算适宜，这不仅要以时间的长度加以考虑，更重要的是靠谈判双方的经验、直觉来判断：谈判该是进入正题的时候了。

在“破冰”期，应注意如下几个问题：

**1. 行为、举止和言语不要太生硬，谈判“破冰”期应是感情的自然流露**

谈判双方的言行举止都应当是随和流畅的，切不可语言生硬、举止失度，如说话粗俗、拉拉扯扯等不良行为，都不利于创造“破冰”期的和谐气氛。

**2. 不要紧张**

许多性格内向或初涉谈判者，由于心情紧张，在面对谈判对手时手足无措，不知说什么好，结果使对方也很不自然。

**3. 说话不要唠叨**

有些谈判者虽然快言快语，却唠唠叨叨，这在惜时如金的谈判桌前是最惹人反感的，谈判一开始即给人留下不好的印象。谈判者在“破冰”期内的用语必须注意效果，简洁、精练。

**4. 不要急于进入正题**

谈判者初见面时不宜急于切入正题，而应首先沟通感情、增进了解，否则便犯了“破冰”期的大忌。俗话说“欲速则不达”，办任何事都要循序渐进，谈判亦如此。

**5. 不要与谈判对方较劲**

“破冰”期内的交谈，一般都是非正式的，通常采用漫谈的形式。因此，语言并不严谨。谈判者不可对对方的每一句话都仔细琢磨，这会影响感情交流。如对方有哪句出言不逊，切不可耿耿于怀，立即回敬，这只会弄巧成拙，招致蔑视。

**6. 不要举止轻狂**

“破冰”期是展示双方气质、姿态的第一回合。谈判是一种文明竞争的方法。你的谈判举止的第一印象，是影响对方对你所持态度的关键因素，如果谈判者在谈判的一开局就举止轻狂，甚至锋芒毕露地炫耀自己，这在有经验的谈判者面前，就是一个初涉谈判的小丑形象。

当然，要很好地度过谈判“破冰”期，不要忘了微笑。

# 察言观色，从细节洞察对手的虚实

在谈判的开局阶段，不仅要为转入正题创造气氛做好准备，更重要的是谈判双方都会利用这一短暂的时间进行事前的相互探测，以了解对方的虚实，所以这段时间也被称为探测期。

在此期间，主要是借助感觉器官来接受对方通过行为、语言传递的信息，并对其进行分析，以判断对方的实力、风格、态度、经验、策略以及各自所处的地位等，为及时调整己方的谈判方案与策略提供依据。当然，这时的感性认识还仅仅是初步的，还需在以后的磋商阶段加深认识。

老练的谈判者一般都以静制动，用心观察对手的一举一动，即使发言也是诱导对方先说，而缺乏谈判经验的人才抢先发表已见，实际上这正是对方求之不得的。

如果谈判者不想在谈判之初暴露弱点，就不要急于发表已见，特别不可早下断语，因为谈判情势的发展往往会使你陷于早下结论的被动。

正确的策略是，在谈判之初最好启示对方先说，然后察言观色，把握动向；对尚不能确定或需进一步了解的情况进行探测。

1. 要想启示对方先谈看法，可采取几种策略，灵活、得当地使对方说出自己的想法，又表示了对对方的尊重。

（1）征询对方意见。这是谈判之初最常见的一种启示对方发表观点的方法，如："贵方对此次合作的前景有何评价？""贵方认为这批冰箱的质量如何？""贵方是否有新的方案？"

（2）诱导对方发言。这是一种开渠引水、启示对方发言的方法。如“贵方不是在传真中提到过新的构想吗？”“贵方对市场进行过调查，是吗？”“贵方价格变动的理由是……”

（3）使用激将的方法。激将是诱导对方发言的一种特殊方法，由于运用不好会影响谈判气氛，应慎重使用。如：“贵方的销售情况不太好吧？”“贵方是不是对我们的资金实力有怀疑？”“贵方总没有建设性意见提出来。”

在启发对方发言时，应避免使用能使对方借机发挥的话题，否则将使己方处于被动。

2. 当对方在谈判开局发言时，应对对方进行察言观色。

因为注意对方每一句话的意思和表情，研究对方的心理、风格和意图，可为己方所作的第一次正式发言提供尽可能多的信息依据。

在谈判桌上，不仅要注意对方发言的语义、声调、轻重缓急，还要注意对方的行为语言，如眼神、手势、表情，这些都是传递某种信息的符号。优秀的谈判者都会从谈判对手起始的一举一动中，体察对方的虚实。

3. 要对具体问题进行具体探测。

在有些情况下，察言观色并不能解决问题，这就要进行一些行之有效的探测了。例如，要探测对方主体资格和阵容是否发生变化，可以问：“××怎么没来？”要探测对方出价的水分，可以问：“这个价格变化了吧？”要探测对方的资金情况，可以问：“如果C方要我们付现金呢？”要探测对方的谈判诚意，可以问：“据说贵方有意寻找第三者？”要探测对方有否决策权，可以问：“贵方认为这项改变可否确定？”

此外，谈判者还可以通过出示或要求对方出示某些资料等方法来达到探测的目的。

# 进退有据，在谈判中杜绝保守与激进的行为

## （一）切忌保守

人们在陌生的环境中与他人发生联系时，处事往往是较为谨慎的。谈判的开局阶段，谈判者通常竞争不足、合作有余，更易保守，唯恐失去合作伙伴或谈判机会。如果一味迁就对方，不敢坚持己方的主张，结果必然被对方牵着鼻子走。开局阶段的保守，将导致两种局面：一是一拍即合，轻易落于对方大有伸缩的利益范围，失去己方原来应得的利益；二是使对方以为你的利益要求仍有水分，而把你的低水平的谈判价值保守点作为讨价还价的基础，迫使你做出更大的让步。

所以，在谈判的开局阶段要敢于正视对方，放松紧张心理，力戒保守。为防止谈判开局中的保守导致上述局面，就必须坚持谈判的高目标。谈判目标的高低，将直接影响谈判的成果。只有将谈判目标定在一个努力弹跳能摸到的位置，才是恰当的。在谈判开局中，坚持在一个高目标的基础上进行，就会避免出现不利情况，使谈判者在以后的谈判中获得适合的利益。

## （二）切忌激进

我们强调谈判的开局要有一个高目标，但高目标不是无限度的高，更不能把己方的高目标建立在损害对方利益的基础上。

如果谈判一方单纯考虑自己的利益，而忘记了谈判是双方或多方的合作。

由于自己的要求过高而损害别人的利益，会出现两种不利的局面：一是对方会认为你没有诚意以至破坏了谈判的必要性，因此谈判者在开局阶段不仅要力戒保守，也要防止因提出过分的要求而破坏谈判气氛；二是对方为了抵制过高的要求，也会“漫天要价”，使谈判在脱离现实的空中楼阁中进行，导致徒劳无功浪费时间。这就是所谓的“以其人之道还治其人之身”，使谈判陷入僵局。

在谈判的开局阶段，谈判者既要有一个高目标，又要防止不切实际地漫天要价。在处理谈判开局阶段的竞争与合作、索取与退让的关系以及把要求的目标限定在一个科学、适度的范围内的过程中，我们应科学地分析和预测彼此价值要求的起点、界点、争取点，从而找到谈判的协作区，以决定利益要求的限度。

# 第五章

# 寸土必争，谈判磋商阶段的应变技巧

# 斗智斗勇，在谈判中合理报价的要领

谈判的磋商阶段是指随着谈判开局阶段任务的完成和议题的深入的中心阶段，即指谈判开始之后到谈判终局之前，谈判各方就实质性事项进行磋商的全过程。

谈判的磋商阶段是谈判的实践阶段，这不仅是谈判主体间的实力、智力和技术的具体较量阶段，而且也是谈判主体间求同存异、合作谅解让步的阶段。

由于此阶段是全部谈判活动中最为重要的阶段，故其投入精力最多、占有时间最长、涉及问题最多。

商务谈判的主要内容是价格、交货期、付款方式及保证条件这四大项，而价格因素是谈判的焦点。报价又称提出条件，是指谈判磋商阶段开始时提出讨论的基本条件。但这一阶段并不是单指一方的报价，同时也指对方的还价。报价、还价运用得科学、合理，关系到整个谈判的利益得失。依照惯例，发起谈判者应该先报价，投标者与招标者之间应由投标者先报，卖方与买方之间应由卖方先报。先报价的好处是能先行影响、制约对方，把谈判限定在一定的框架内，在此基础上最终达成协议。比如：你报价一万元，那么对手很难奢望还价至一千元。南方一些地区的服装商贩，就大多采用先报价的方法，而且他们报出的价格，一般要超出顾客拟付价格的一倍乃至几倍。一件衬衣如果卖到 60 元的话，商贩就心满意足了，而他们却报价 160 元。考虑到很少有人好意思还价到 60 元，所以一天中只要有一个人愿意在 160 元的基础上讨价还价，商贩就能赢利。此外，先行报价如果出乎对方意料，往往会打乱对方的原有方案，使其处于被动地位。当然，卖方先报价也得有个“度”，不能漫天要价，使对方不屑于谈判——假如你到市场上问小贩鸡蛋多少钱1斤，小贩回答300元钱1斤，你还会费口舌与他讨价还价吗？先报价虽有好处，但也泄露了一些情报，使对方听了以后可以把心中隐而不报的价格与之比较，然后进行调整：合适就拍板成交，不合适就利用各种手段进行杀价。

美国著名发明家爱迪生在某公司当电气技师时，他的一项发明获得了专利。公司经理向他表示愿意购买这项专利权，并问他要多少钱。当时，爱迪生想：只要能卖到5000美元就很不错了，但他没有说出来，只是督促经理说：“您一定知道我的这项发明专利权对公司的价值了，所以价钱还是请您自己说一说吧！”经理报价道：“40万元，怎么样？”还能怎么样呢？谈判当然是没费周折就顺利结束了。爱迪生因此而获得了意想不到的巨款，为日后的发明创造提供了资金。

先报价和后报价都各有利弊。谈判中是决定“先声夺人”还是选择“后发制人”，一定要根据不同的情况灵活处理。

一般来说，如果你准备充分、知己知彼，就要争取先报价；一些己方占有绝对优势的谈判，如拥有谈判地位的产品，拥有多角谈判的选择性等，己方如率先报价能够进一步强化优势，主导谈判；如果你不是行家，而对方是，那你要沉住气，后报价，从对方的报价中获取信息，及时修正自己的想法；如果你的谈判对手是个外行，那么，无论你是“内行”或者“外行”，你都要先报价，力争牵制、诱导对方。自由市场上的老练商贩，大都深谙此道。当顾客是一个精明的家庭主妇时，他们就采取先报价的技术，准备着对方来压价；当顾客是个毛头小伙子时，他们多半先问对方“给多少”，因为对方有可能报出一个比商贩的期望值还要高的价格。

### （一）报价的原则

在报价时，应遵循如下原则：

第一，对卖方来讲，开盘价必须是“最高的”。相应地，对买方而言，开盘价必须是“最低的”。这是报价的首要原则。

第二，开盘价必须合乎情理。我们说对于卖方开盘价，即使是报价要高，但绝不是漫天要价，毫无根据，而应该是合乎情理，如果报价过高，又讲不出道理，会使对方感到你没有诚意，甚至于不予理睬，扬长而去。对于买方来说，也不能“漫天杀价”，这会使对方感到你没有常识，而对你失去信心，或将你一一攻倒，使你陷于难堪之境。所以无论是买方或卖方在报价时都要有根有据，合乎情理。

第三，报价应该坚定、明确、完整，不加解释和说明。开盘价要坚定而果断地提出，这样才能给对方留下认真而诚实的印象，如果欲言又止，吞吞吐吐，就会导致对方产生怀疑。

报价时非常清楚，并不加过多的解释、说明。因为对方听完你的报价，肯定会对他感兴趣的问题提出质疑，这样我们可以根据对方的兴趣所在有针对性地进行解释和说明，否则，会被对方找出破绽，抓住把柄。

### （二）还价的策略

谈判的磋商阶段中，一方报了价，另一方就可能会还价，要还价，就要讲究还价的科学策略。

首先，在还价之前必须充分了解对方报价的全部内容，准确了解对方提出条件的真实意图。要做到这一点，还价之前设法摸清一下对方报价中的条件哪些是关键的、主要的；哪些是附加的、次要的；哪些是虚设的或诱惑性的；甚至有些条件的提出，仅仅是交换性的筹码，只有把这一切搞清楚，才能提出科学而策略的报价。为了摸清对方报价的真实意图，可以用点时间来逐项核对对方报价中所提的各项交易条件，探询其报价根据或弹性幅度，注意倾听对方的解释和说明。但勿加评论，更不可主观地猜度对方的动机和意图，以免给对方反击提供机会。

其次，准确、恰当地还价应掌握在双方谈判的协议区内；即谈判双方互为界点和争取点之间的范围，超过此界线，便难以使谈判获得成功。

再次，如果对方的报价超出谈判协议区的范围，与己方要提出还价条件相差甚大时，不必草率地提出自己的还价，而应首先拒绝对方的报价。必要时可以中断谈判，给对方一个出价，让对方在重新谈判时另行报价。

此外还可以用以下几种方式处理报价与还价之间的巨大差距：

（1）由己方报价取代对方不实际的报价。

（2）对对方的报价附加条件进行限制。例如，在购销合同谈判中，买方可以以卖方提出的高价格为基础谈判，但必须规定提高货物的质量。

（3）建议对方放弃此问题上的报价，改由在其他问题上报价。

（4）对方“漫天要价”，己方“就地还价”。

我某公司代表团出国订购商品，他们找到日本最大的厂商询价，日方开价每台350美元，这一报价基本接近我方所掌握的国际市场价格。

我方提出能否再优惠一点，日方思忖片刻，提出可以降为345美元，并声明这是最低价了，否则将很难达成协议。

为了获取更多的利益，我方坚持再降为340美元，谈判陷入了僵局，双方争执不下。

经过一段时间的反复磋商，日方权衡利弊做出了让步，同意以340美元成交，我方初战告捷，但谈判并未就此结束。

我方转而又提出能否通过增加购货数量而在价格上进一步优惠。又一个难题摆在对方面前，日方反复比较计算成本、费用、利益，最终同意在购货数量从1000台增加到1500台的基础上，以每台338美元的优惠价成交。

在接下来的谈判中，我方经过察言观色，发现对方倾向于用日元成交，于是，我方立即表明自己的态度，希望最好用美元成交，如果对方坚持用日元成交的话，那只能按当时的汇率的335美元折算成日元，因为当时美元有下跌趋势，日方对此表示理解和同意。接着，我方又提出希望能把原来的条款做一些改动，即由我方负责租船订舱和办理投保业务，运输、保险费另行计算，对此，日方没有表示异议。

最后，我方表示请日方考虑把原来的即期信用证改为见票后120天付款的远期信用证，日方开始露出为难情绪，表示对这个问题没有再讨价还价的余地。对此，我方开诚布公地向对方分析了我方面临的一系列困难。为使本项交易最终能顺利成交，日方又再次做出了一些让步，同意改为见票后60天付款的远期信用证。

成交后，我方核算下来，该商品实际进口成本尚不足 330 美元。

本例谈判中，我方先让对方自己减价，等到对方打出最低价的旗号后，我方再还价，在价格上还得差不多时，再从运输、保险、结算货币、支付方式上下手，终于把 350 美元的报价降到了 330 美元以下。

### （三）报价的方法技巧

先报价与后报价属于策略方面的问题，而一些特殊的报价方法，则涉及语言表达技巧方面的问题。同样是报价，运用不同的表达方式，其效果也是不一样的。

#### 1. 化整为零法

在日本东京，经常看到这样的不动产宣传广告："出售从东京车站乘直达公共汽车只需 75 分钟就能回家的公寓。"假如广告词中把"75 分钟"改为"1 小时又 15 分钟"，买房的人一定会大大减少，因为人们会觉得出售的房子离东京很远。在人们的心理上，分钟的单位比小时的单位小 60 倍，以分钟为单位的时间自然感到很短，而以小时为单位的时间就会感觉很长。变换一下时间单位，再加上"直达""只需"等强调快速的字眼，让那些看广告的人感到这所公寓离东京不远。

日本某建设公司推出一座商业大厦，招待所的大门口贴了一个大字条，字条上写着"380 天后可以迁入"的大字。换句话说，就是一年又 15 天，如果是腊月下旬的话，那就是"后年"了。然而，它不说"后年可以迁入"，而用"天"来计算，可见其技巧的高超。

#### 2. "除法报价法"

"除法报价法"是一种价格分解术，以商品的数量或使用时间等概念为除数，以商品价格为被除数，得出一种数字很小的价格商，使买主对本来不低的价格产生一种便宜、低廉的感觉。

美国推销大师汤姆·霍普金斯讲过一段自己成功推销高速办公复印机的经历。一天，汤姆走进一家公司，当公司老板拉比听到高速复印机的价格是 1 万美元时，说："价格太贵了！"汤姆问："那么你能接受的价格是多少呢？"拉比回答说："8000 美元左右。"这是当时一般复印机的市场价格。这个例子中的价格异议只是 2000 美元，而不是 1 万美元了，也就是说无须再谈这 1 万美元的价格，那么这个差额就成为异议的焦点。汤姆说："拉比，实际的问题是 2000 美元，不是吗？那好，我认为应当认真地把这个问题放到适当的位置上进行探讨。"他把计算器递给拉比，继续说："假定您拥有这种高速复印机，您认为能用 5 年吗？"拉比说："差不多这样。"汤姆说："好，2000 美元除以 5，每年就是 400 美元，复印机在你们公司每年能使用 50 周，那么每周就是 8 美元，对吗？"汤姆接着说："我了解贵公司周末还有许多工作，需大量加班，因此我认为说每周使用 7 天是比较合理的。这样，8 除 7 等于多少？"拉比说："1.14 美元。"汤姆微笑着说："你觉得是不是因为每天得多花 1.14 美元，就不应该购买超能复印机来增加利润、增加产量和扩大生产能力吗？"拉比回答说："这个……我不知道。""拉比，我能问一下这里的打字员最低工资是多少？""每小时 3.5 美元，这大概是最低的工资。""是 3.5 美元，那么这 1.14 美元就等于你的最低工资的助手工作 20 分钟的报酬。""要这么算，是 20 分钟的报酬。"汤姆说："拉比，让我再问你一件事，这种高速机器连同它所拥有的现代化生产能力和节约时间特点及我们所讲到的效用，在一天内为你公司创造的利润，不会比最低工资的打字员在 20 分钟内创造的多吗？"拉比回答说："不，我想会更多。"汤姆接着说："我们意见一致了，是吗？顺便说说，哪一天交货最能适合你的计划？ 1 号还是 15 号？"交易达成了！

在此，汤姆巧妙运用"除法报价法"并通过比较循循善诱，使顾客对本来价格不菲的商品产生一种物美价廉的感觉，从而一举获得销售谈判的成功。

一位营业员在推销一台 2500 元的彩电时，对犹豫不决的顾客说："2500 元一台不贵，一台彩电寿命 2.5 万小时，每小时只花 1 角钱，而看电影每场 6 元钱，每小时为 3 元钱。您每小时只需多花 1 角钱，就能坐知天下事，打发掉无数漫长的冬夜，贵吗？"一个本来不很低的价格通过除法报价法，可以使顾客的感觉错位，心理上感到不贵。

省保险公司为动员液化石油气用户参加保险，宣传说：参加液化气保险，每天只交保险费一元，若遇到事故，则可得到高达一万元的保险赔偿金。如果说每年交保险费 365 元的话，效果就差得多了，因为人们觉得 365 是个不小的数字，而用“除法报价法”说成每天交一元，人们听起来在心理上就容易接受了。

某地毯推销员对顾客说：“每天只花 1 角 6 分钱就可以使您的卧室铺上地毯。”顾客感到惊奇，推销员接着说：“您的卧室 12 平方米，我厂地毯价格为每平方米 24.8 元，这样需 297.6 元。地毯可铺用 5 年，每年 365 天，这样平均每天的花费只有 1 角 6 分钱。”

### 3.“加法报价法”

既然有“除法报价法”，也会有“加法报价法”。有时怕报高价会吓跑客户，就把价格分解成若干层次渐进提出，使若干次的报价最后加起来仍等于当初想一次性报出的高价。比如文具商向画家推销一套笔墨纸砚。如果他一次报高价，画家可能根本不买。但文具商可以先报笔价，要价很低；成交之后再谈墨价，要价也不高；待笔、墨卖出之后，接着谈纸价，再谈砚价，抬高价格。画家已经买了笔和墨，自然想“配套成龙”，不忍放弃纸和砚，在谈判中便很难在价格方面做出让步了。

采用“加法报价法”，卖方依恃的多半是所出售的商品具有系列组合性和配套性。买方一旦买了组件一，就无法割舍组件二和组件三了。针对这一情况，作为买方，在谈判前就要考虑商品的系列化特点，谈判中及时发现卖方“加法报价”的企图，挫败这种“诱招”。

### 4.“抓两头，议中间”

一个优秀的推销员，见到顾客时很少直接问“你想出什么价”？相反，他会不动声色地说：“我知道您是行家，经验丰富，根本不会出 100 元的价钱，但你也不可能以 80 元的价钱买到。”这话似乎是顺口说来，实际上只言片语就把价格限制在 80 至 100 元的范围之内。这种报价方法“抓两头，议中间”，传达出这样的信息：讨价还价是允许的，但必须在某个范围之内。

### 5. 抬价法

在某时装店，当某位顾客对某件商品多看上几眼时，早已将这一切看在眼里的店主就会前来搭话说：“看得出你是诚心来买的，这件衣服很合你的意，是不是？”察觉到顾客无任何反对意见时，他又会继续说：“这衣服标价150元，对你优惠，120元，要不要？”如果对方没有表态，他可能又说：“你今天身上带的钱可能不多，我也想开个张，打本卖给你，100元，怎么样？”顾客此时会有些犹豫，店主又会接着说：“好啦，你不要对别人说，我就以120元卖给你。”早已留心的顾客往往会迫不及待地说：“你刚才不是说卖100元吗？怎么又涨了？”此时，店主通常会煞有介事地说：“是吗？我刚才说了这个价吗？啊，这个价我可没什么赚啦。”稍作停顿，又说，“好吧，就算是我错了，那我也讲个信用，除了你以外，不会再有这个价了，你也别告诉别人，100元，你拿去好了！”话说到此，绝大多数顾客都会购买。店主假装口误将价涨了上去，诱使顾客做出反应，巧妙地探测并验证了顾客的购买需求，此后再将涨上来的价让出去，就会很容易地促成交易。

谈判高手布莱恩帮助一家大公司采办。在一项采办中，有位卖主的报价是50万美元。布莱恩委托公司的成本分析人员调查了卖方的产品，成本核算的结果表明，卖方产品只需44万美元就可以买到。布莱恩看过成本分析资料后，对44万美元这一数字也深信不疑。一个月后，买卖双方开始谈判。谈判一开始，卖方便使用了很厉害的一招，声明：“先生，很抱歉，对于上一次50万美元的报价，我必须做一下更改。原先的成本核算有误，以致使我错报了价格。经过重新核算，我现在要求的价格是60万美元。”他的发言语调沉稳，使人感到坚定不移。一时间，反而使布莱思对自己所做的成本估计产生了怀疑，于是买卖双方在60万美元而不是50万美元的价格上讨价还价。谈判的结果是以50万美元成交。事隔几年之后，布莱恩回忆起这次谈判时说：“直到现在我还不明白，60万美元的价格到底是真的还是假的。不过，我仍清楚地记得，当我最后以50万美元的价格和他成交时，我感到很满意呢。”

### 6. 得寸进尺法

一次，马克·吐温去逛一家书店，他从架上取下一本他自己写的书，问价后对店员说："鉴于我出版了这本书，我理应得到50%折扣的权利。"店员表示同意。

"同时，我又是这本书的作者，"马克·吐温又说，"我应该得到优惠50%的折扣。"店员点点头。

"还有，我作为这家书店老板的朋友，我相信你一定能给我通常可以给的25%的优惠。"店员又点点头，同意了。

"那好，"马克·吐温一本正经地说，"根据上述条件，我认为我理所当然可以拿走这本书。对了，税是多少？"

店员算了半晌，结结巴巴地说："我大概算了算，先生，我们应该给您这本书，此外，我们还欠您37.5%。"

这或许是个笑话，却是典型的得寸进尺的讨价还价手法。

### 7. 吹毛求疵法

上海一商场进了大量空调，在夏天最热阶段过去后仍有不少存货。如不及时处理掉，将使资金积压，影响商场效益。商场做出决定，每台空调售价不得低于3200元，多卖多得，少卖由推销员贴补，并且商场每个人必须推销10台。其中一个叫刘海的推销员挨家挨户推销，后来遇到一个名叫黄石的买主。刘海向黄石介绍了空调的优点，比如该产品是最新产品，噪声低，能够安放在客厅，并且不用换电表……

黄石静静听了刘海的介绍后，进行了试机和看样，然后针对刘海所介绍的优点说："这种空调是有不少优点。但由于它是新产品，质量是否可靠、性能是否可靠都很难说，虽然噪声低，但比日本东芝的噪声大多了。我家有老人，噪声大会影响休息。虽然不用换电表，但我们住的是旧房，线路负荷已够大的了，若再用这么大功率的空调，将会有更多的麻烦。天气已开始降温，说不定不会再有高温了。如果买了不用，半年的保修期很快就过去了，等于没有保修。"经过这一番吹毛求疵的挑剔，刘海只得降低售价。黄石吹毛求疵的策略运用得十分成功。

# 善于倾听，掌握倾听的技巧

一个优秀的谈判者，也一定是一个很好的倾听者。法国著名传记作家拉罗斯福说：“我们与人交谈，总觉得知音难觅，和者鲜寡，原因之一就是人们几乎都对自己要说什么想得太多。”这句话不妨作为谈判者的一个座右铭。正如维克多·金姆在《大胆下注》中所说：“你应该少说为妙。我确信，如果说得越少，而对方说得越多，那么你在谈判中就越容易成功。”倾听和谈话一样具有说服力，它常常使人不费任何力气，取得意外的收获。

有一家美国汽车公司，想选用一种布料装饰汽车内部，有三家公司提供样品。公司董事会经过研究后，请他们每一家来公司作最后的说明，然后决定与谁签约。三家厂商中，有一家的业务代表患有严重的咽喉炎，无法流利讲话，只能由汽车公司的董事长代为说明。董事长按公司的产品介绍讲了产品的优点、特点，各单位有关人员纷纷表示意见，董事长代为回答。而布料公司的业务代表则以微笑、点头或各种动作来表达谢意，结果，他博得了大家的好感。

会谈结束后，这位不能说话的业务代表却获得了50万码布的订单，总金额相当于160万美元，这是他有生以来获得的最大的一笔成交额。事后，他总结说：如果他当时没有生病，嗓子还可以说话的话，他很可能得不到这笔大数目的订单。因为他过去都是按照自己的一套办法去做生意，并不觉得让对方表示意见比自己头头是道地说明更有效果。

有位顾客买了一件西服，因为掉颜色回去要求退货，和售货员争执起来。商店经理闻声赶来，三言两语就使气得发疯的顾客恢复了平静。

经理的方法是：静静地听顾客说话，等顾客说完，让售货员说话，经理承认不知道西服掉颜色，并征求顾客意见：“现在怎么处理，本店完全听从您的意见。”顾客说：“有什么法子可以防止掉颜色呢？”

经理说：“能否请您试穿一个星期再做决定？您那时候还不满意，请您退货。”结果，顾客穿了一个星期，西服果然不掉颜色了。

### 1. 学会倾听的三种形式

有人说：“聆听是一门艺术，其首要原则是全神贯注地听取对方的谈话；其次，当别人请教的时候，最好的回答便是：‘你看怎么办？’”善听是察言观色的很好方式，可以“闻一知十，闻十知百”。此外，注意倾听对方谈话就是对别人的尊重，因而能赢得对方好感。要学会倾听，善于倾听，也包括创造倾听的机会。就是说倾听者要采取策略，促使讲话者保持积极的讲话状态。主要有三种形式：

（1）鼓励。面对讲话者，尤其是没有经验的谈话者，要用微笑、目光、点头等赞赏的形式表示呼应，显示出对谈话的兴趣，促使对方继续讲下去。

（2）理解。这种方式较常见，也比较自然。在对方讲话时，可以“是”“对”等表示肯定，在停顿处，也可以指出讲话者的某些观点与自己一致，或者运用自己的经历说明对讲话者的理解，有时可适当复述。这些都是对讲话者的积极呼应。

（3）激励。适当地运用反驳和插话。有时对方在讲话时征求你的意见或停顿，只有这时反驳才是适宜的。沉默不等于承认或忽视，它可以表示你在思考，是重视对方的意见，也可能是在暗示对方转变话题。

### 2. 什么影响倾听

许多谈判人员常常陶醉在自我表达的良好感情之中，却不肯用一点时间考虑一下怎样倾听，从对方的谈话中获取什么，接受什么。是什么影响谈判人员更好地倾听呢？专家认为，归纳起来至少有以下几点：

（1）许多人认为只有说话才是表白自己、说服对方的唯一有效方式。若要掌握主动，便只有说。

（2）先入为主的印象妨碍了我们耐心地倾听对方的讲话，如对某人看法不佳。

（3）急于反驳对方的观点。好像不尽早反对，就表示了我们的妥协。

（4）在所有的证据尚未拿出以前，轻易地做出结论。

（5）急于记住每一件事情，结果主要的事情反而没注意到。

（6）常常主动地认定谈话没有实际内容或没有兴趣，不注意倾听。

（7）因一些其他事情而分心。

（8）有时想越过难以应付的话题。

（9）忽略某些重要的叙述，因为它是由我们认为不重要的人说出来的。

（10）从心理学角度来讲，人们会主动摒弃他们不喜欢的资料、消息。

（11）思维方式。有的人喜欢定式思维，不论别人讲什么，他都马上跟自己的经验套在一起，用自己的方式去理解。这种思维方式使人难于接受新的消息，不善于认真听别人说什么，而喜欢向别人诉说。

### 3. 提高倾听能力的技巧

许多人忽略了倾听对方，却常常自我安慰：没有什么，他讲的没有什么内容，重要的我们已掌握或以后会掌握的。不幸的是，他并没有掌握，而且以后也不会再掌握了。这种花费最小、最直接、最方便的信息渠道不去利用，那只能付出更大的代价。

为帮助提高聆听技巧，谈判专家列出以下要点以便核对、参考：

（1）尽量把讲话减至最低程度。你讲话时，便不能聆听对方良言，可惜许多人都忽略了这点。

（2）建立协调关系。试着了解你的对手，试着由他的观点看事情。这是提高聆听技巧的重要方法之一。

（3）表现兴趣的态度。让对手相信你在注意聆听的最好方式，是发问和要求阐明他正在讨论的一些论点。

（4）简要说明讨论要点，包括主要论点。这是有效的沟通方法，不过在简述要点时不作做详论和批判。

（5）沟通。表达意见感受而不是给人以深刻的印象。

（6）尽力互相了解沟通的意见。谨记简单原则，使用简单易懂的常用字。

（7）分析对方。端详对方的脸、嘴和眼睛，将注意力集中于对方的外表，这能帮助你聆听，同时，能完全让对手相信你在聆听。

（8）对准焦点。试着将注意力集中于对手谈话的要点，努力地检查、思索过去的故事、轶事和统计资料，以及确定对手谈话的本质。

（9）抑制争论念头。你和你的对手所以为对手，意味着你们之间必有意见不一致之处。然而，打断他的谈话，纵使只是内心有此念头，也会造成沟通的阴影。学会控制自己，抑制自己争论的冲动。放松心情，记下要点以备一会儿讨论之用。

（10）不要臆测。臆测几乎总是会引导你远离你真正的目标。所以，你要尽力避免对你的对手进行臆测。不要臆测他想会用眼光的接触、面部的表情来唬住你。有时候臆测可能是正确的。不过最好尽可能避免，因为臆测常常是沟通的障碍。

（11）不要立即下判断。人往往立即下结论，所以保留对对手的判断很多：直到事实清楚、证据确凿。注意自己的偏见：即使是思想最无偏见的人也不免心存偏见。诚实地面对、承认自己的偏见，并且聆听对手的观点，容忍对方的偏见。

（12）做笔记。做笔记不但有助于聆听，而且有集中话题及取悦对方的优点。如果有人重视你所说的话并作笔记，你不会受宠若惊吗?

（13）使用自己的话语查证于对方。要避免任何可能误会的最好方法，是把主要利益用“自己”的话表达，由对方加以证实。只有运用此方法，你才能正确地沟通。

### 4. 注意倾听口头线索

除上述要点外，还有一些特别的口头线索。在典型的谈判中，这些口头线索常被提到。注意阻挠正常谈话应有的顺畅的突发话语，注意引起对手不安、不自然的措辞，或任何收不到反馈的说法。

“顺便说说”：一个说“顺便说说”的人，某事突然出现于心头，他想赶快告诉你以免遗忘。此用语暗示为这句话不重要。可是实际上，使用这用语的人真正要说的是，讨论中的论点对他们是很重要的，请注意听。

“坦白地说”：这措辞很奇特。逻辑上，以“坦白地说”开头的论点暗示着对手在其他论点上并不坦白、诚实。不过，使用此措辞的人真正要说的是：“我要你特别留心我即将要说的话，因为我认为这句话很重要。”此措辞和坦白、诚实并无绝对相关之处，只是一条线索，显示你的对手就要说些重要的话，值得你注意倾听。

“在我忘记之前……”：此措辞类似于“顺便说说”，表面看来并不重要，不过隐藏着对手很重要的论点。如果你仔细想想，会觉得此措辞实在荒谬可笑，不过它被使用的频率颇高。你应视它为信号，表示就要提及对谈判来说颇为重要的事。

这里所列举的要点看似简单，其实不然，不要只是看看就算了。想想各要点，考虑如何运用在你的谈判上。一旦你成为一位好的聆听者，你会发现人们愿意和你说话，而你的知识也会大为长进，获得人们的敬重。日本推销大王原一平说：“对推销而言，善听比善辩更重要。”推销员通过“听”要比通过“说”能做成更多的交易。

美国著名推销大师汤姆·霍普金斯把顾客的异议比作金子，“一旦遇到异议，成功的推销员会意识到，他已经到达了金矿；当他开始听到不同意见时，他就是在挖金子了；只有得不到任何不同意见时，他才真正感到担忧，因为没有异议的人一般不会认真地考虑购买。”

有一名推销员，代表斯通公司经销高质量的复印机。一天，他走进张先生的办公室，交谈中才知道张先生是斯通公司的老主顾。一开始推销员就陷入了困境，张先生说：“两年前，我们买了一台斯通复印机，它的速度太慢了，我们只得抛出去。用你们的复印机，我们损失了不少宝贵的工作时间。”在这种情况下，一般推销员通常会进行争辩，说斯通复印机速度同其他复印机一样快。这样的争辩很少能有结果，常常会得到这样的回答：“好啦，我听到了，但我们不再想要斯通复印机。谢谢光临，再见。”然而，这位推销员却没有这么做，而是把斯通公司董事长的帽子戴到了张先生的头上，说：“张先生，假定您是斯通公司的董事长，已经发现复印机速度慢的问题，您会怎么办呢？”张说：“我会叫我的工程技术部门采取措施，促使他们尽快解决这个问题。”推销员笑着说：“这正是斯通公司董事长所做的事情。”异议被突破了！张先生继续听完推销员的介绍后，又订购了一台斯通高质量、高速度的复印机。

# 善于提出能够引起对手好奇心的问题

一个叉车推销员问顾客：“你想减少搬运材料的时间吗？”主管生产的经理对此肯定兴趣极浓，他会兴致勃勃地继续倾听推销员的谈话。如果推销员一开始就问：“你是否有兴趣买叉车？”那就不会引起顾客的注意。

一个推销吸尘器的推销员，有一个用一句提问来吸引顾客注意的绝招：“我能向您介绍一下减轻家务劳动量的方法吗？”

在谈判中，提问可以引导对方思路，控制谈判的方向。一般而言，提问要比讲述好，但要提有分量的问题并不容易。

## （一）提问的方式

提问一般有以下几种方式：

### 1. 封闭式提问

是指在一定范围内引出肯定或否定答复的提问，如：“您是否认为售后服务没有改进的可能？”这种提问可使提问者获得特定的资料，而一般情况下答复者也不需要太多的思考过程即能给予答复。当然，这种提问有时会产生一定的压力。

### 2. 开放式提问

是指在广泛的领域内引出广泛答复的提问。这类提问通常无法以“是”或“否”等简单字句答复。例如：“请问您对我公司的印象如何？”“您对当前市场销售状况有何看法？”由于开放式提问不限定答复的范围，所以答复者可以畅所欲言，提问者也可以得到广泛的信息。

### 3. 澄清式提问

是指针对对方的答复重新措辞，使对方证实或补充原先答复的一种提问。如搞不清对方所说的话或此话模棱两可时，可以用他所说的话，反问对方，如：“您刚才说情况的变动，是指在什么范围内的变动？”澄清式提问不仅能确保谈判双方在同一语言层面上沟通，而且可以进一步得到澄清、确认的反馈。

### 4. 引导式提问

例如：“经销这种商品，我方利润很薄，如果不给 3% 的折扣，我方难以成交。”“谈到现在，我看给我方的折扣可以定为 4%，你一定会同意的，是吗？”这类提问几乎使对方毫无选择余地按发问者所设计的作答。又如：一位顾客买了一件新衬衣，不要问他：“您还需要什么东西？”而应说：“最近新进了一批领带，您看这一种和您的衬衣相配吗？”这样，或许就能提醒顾客对领带的需要了。

### 5. 婉转式提问

这种提问是在不了解对方意图的情况下，用婉转的语气，以请教问题的形式提问，以免遭到对方拒绝而出现难堪的局面，又能探出对方的虚实。例如，推销员打算提出交易，但不知对方是否会接受，又不好直接问对方要不要，于是试探地问：“这种产品的功能还不错吧？您能评价一下吗？”如果对方有意购买，自然会评价；如果不满意，也不会断然拒绝，使双方难堪。

### 6. 协商式提问

协商式提问以征求对方意见的形式提问，诱导对方进行合作性的回答。这种方式，对方比较容易接受。即使有不同意见，也能保持关系融洽，双方仍可进一步洽谈下去。如：“您看是否明天选货？”如果你要别人按照你的意图去做事，应该用商量的口吻向对方提出。如你要秘书起草一份文件，把意图讲清之后，应该问一问：“你看这样写是否妥当？”

### 7. 限定式提问

这是一种目的性很强的提问技巧，它能帮助提问者获得较为理想的回答，减少被提问者说出拒绝的或提问者不愿意接受的回答。在一个问题中提示两个可供选择的答案，两个答案都是肯定的。人们有一种共同的心理——认为说“不”比说“是”更容易和更安全。所以，内行的推销员向顾客提问时尽量设法不让顾客说出“不”字来。如与顾客约会，有经验的推销员从来不会问顾客“我可以在今天下午来见您吗”？因为这种只能在“是”和“不”中选择答案的问题，顾客多半会说：“不行，今天下午的日程实在太紧了，等我有空的时候再打电话约定时间吧。”有经验的推销员会对顾客说：“您看我是今天下午 2 点来见您还是 3 点来？”“3 点钟来比较好。”当他说这话时，你们的约定已经达成了。据说，香港有些茶室在客人喝可可时放个鸡蛋，所以侍者在客人要可可时必问一句：“要不要放鸡蛋？”心理学家建议，侍者不要问“要不要放鸡蛋”，而要问：“放一个还是两个鸡蛋？”这样提问就缩小了对方的选择范围。这种问法，显然可以多做鸡蛋的生意。某商场休息室经营咖啡和牛奶，刚开始服务员总是问顾客：“先生，喝咖啡吗？”或：“先生，喝牛奶吗？”其销售额平平。后来老板要求服务员换一种问法：“先生，喝咖啡还是牛奶？”结果销售额大增。原因在于，第一种问法容易得到否定回答，而后一种是选择式，大多数情况下顾客会选一种。

你想到一家公司担任某一职务，希望年薪 2 万元，而老板最多只能给你 1.5 万元。如果老板说“要不要随便你”这种话，你可能扭头就走。而如果老板这样说：“给你的薪水是非常合理的。不管怎么说，这个职务我只能付给你 1 万元到 1.5 万元，你想要多少？”很明显，你会说“1.5 万元”，而老板又好像不同意，说：“1.3 万元如何？”你会继续坚持 1.5 万元。其结果是老板投降。表面上，你好像占了上风，沾沾自喜，实际上，老板运用了限定式提问技巧，你自己却放弃了争取 2 万元年薪的机会。

再如，“付佣金是符合国际贸易惯例的，我们从其他供应商那里一般可获得 3% 到 5% 的佣金，请贵方予以注意。”按理说，在提出这一问题之前，至少应取得对方将付给佣金的承诺，但这种提问却取消了这一前提，直接限定对方在狭小范围内选择，可谓咄咄逼人。专家提醒，运用这种提问方式应特别慎重，一般宜在我方充分掌握主动权的情况下使用，否则很容易导致谈判出现僵局甚至破裂。

**8. 选择式提问**

这种提问方式多用于朋友之间，同时也表明提问者并不在乎对方抉择。如，朋友来你家做客。你留他吃饭，但不知他的口味，于是问他：“今天咱们吃什么？鲫鱼还是带鱼？”

**9. 借助式提问**

是指借助权威人士的观点和意见影响谈判对手的一种提问。例如：“我们请教了某某顾问，对该产品的价格有了较多了解，请您考虑，是否把价格再降低一些？”采用这种提问方式应注意，所借助的人或机构应是对方所熟悉、能对对方产生积极影响的，如对方不了解借助人，或对他有看法，就可能引起反感，效果适得其反。

## （二）提问技巧的基本原则

**1. 洽谈时用肯定句提问**

在开始洽谈时用肯定的语气提出一个令对方感到惊讶的问题，是引起对方注意和兴趣的可靠办法。如：“你已经……吗？”“你有……吗？”或是把你的主导思想先说出来，在这句话的末尾用提问的方式将其传递给对方。“现在很多先进的公司都使用计算机了，不是吗？”只要你运用得当，说的话符合事实而又与顾客的看法一致，会引导对方说出一连串的“是”，直至成交。

**2. 询问对方时要从一般性的事情开始，然后再慢慢深入下去**

向对方提问时，虽然没有一个固定的程序，但通常都是先从一般性的简单问题开始，逐层深入，以便从中发现顾客的需求，创造和谐的气氛，为进一步谈判奠定基础。

**3. 先了解对方的需求层次，然后询问具体要求**

了解对方的需求层次后，就可以掌握说话的大方向，把提出的问题缩小到某个范围以内，从而易于了解对方的具体需求。如对方的需求层次处于低级阶段，那么他对产品的关心多集中于经济耐用上，你就可以从这方面重点提问，指出该商品如何满足顾客需求。

#### 4. 注意提问的表述方法

一个保险推销员向一名女士提出这样一个问题：“您是哪一年生的？”结果这位女士恼怒不已。这名推销员吸取教训，改用另一种方式问：“在这份登记表中，要填写您的年龄，有人愿意填写大于 21 岁。您愿意怎样填呢？”结果就好多了。经验告诉我们，在提问时先说明一下道理对洽谈是有帮助的。

### （三）提问的技巧

#### 1. 诱发好奇心

诱发好奇心的方法是在见面之初直接向可能买主说明情况或提出问题，故意讲一些能够激发他们好奇心的话，将他们的思路引到你可能为他提供的好处上。如一个推销员对一个多次拒绝见他的顾客递上一张纸条，上面写道：“请您给我十分钟好吗？我想为一个生意上的问题征求您的意见。”纸条诱发了采购经理的好奇心——他要向我请教什么问题呢？同时也满足了他的虚荣心——他向我请教！效果很明显，推销员应邀进入办公室。

一位推销员对顾客说：“老张，您知道世界上最懒的东西是什么吗？”顾客感到迷惑，但也很好奇。这位推销员继续说，“就是您藏起来不用的钱。它们本来可以购买空调，让您度过一个凉爽的夏天。”

但当诱发好奇心的提问方法变成近乎耍花招时，用这种方法往往很少获益，而且一旦顾客发现自己上了当，你的计划就会全部落空。

#### 2. 投石问路法

投石问路法是指买主在谈判中为了摸清对方的虚实，掌握对方的心理，通过不断询问来了解从卖方那里不容易直接获得的诸如成本、价格等方面尽可能多的资料，以便在谈判中作出正确的决策。

比如，一位买主想购买 3000 件产品，他就先问如果购买 100、1000、3000、5000 和 1 万件产品的单价分别是多少。一旦卖主给出了这些单价，买主就可以从中分析出卖主的生产成本、设备费用的分摊情形、价格政策、谈判经验丰富与否。最后买主能够得到比购买三千件产品更好的价格，因为很少有卖主愿意失去数量这样多的买卖。

一般说来，买主投出的每一块“石头”都能使自己更进一步了解卖主的商业习惯和动机，了解他可能抛售的最低价，从而增加选择机会。你可以这样丢出你的每块“石头”来测试卖方的反应。如：

“如果我们再增加一些订货，你们在价格上能优惠到什么程度？”

“如果与贵厂订立长期合同，你们在价格上又怎么考虑？”

“如果我们订货的数量加倍，或者减半呢？”

“如果我们同时购买几种产品？”

“如果我们增加或减少保证金？”

“如果我们分期付款？”

“如果我们自己运输？”

“如果我们淡季订货？”

“如果我们自己检验产品质量，你们在技术上会有什么新的要求吗？”

每提出一个问题，就像投出一块石头，落地有声。每块“石头”都会使卖主感到心烦。对卖主来说，拒绝对方的提问是不礼貌的，甚至有可能损失一笔大生意。如果能够销出一大批服装，卖主也愿意薄利多销，以最低的价格出手。有时买方不但要投石问路了解情况，而且还可以来点胡搅蛮缠，用合理的冲撞去冲破卖方的心理防线。

当然，投石问路法并非全能，如果卖方的应变能力强，棋高一着，决不暴露自己的最低价，那么只好改用其他办法了。

反过来说，如果买方采用投石问路法，那卖方又该如何聪明地应付对手从而以较高的价格（最大极限值）成交呢？

首先，当买方拿出“石子”时，不要匆忙回答对方的问题，要争取充分的时间考虑，明白对方的“石子”所指的部位在哪里，对方是否急于成交。

其次，对方投出“石子”时，可以立即回敬他一个：要求对方以订货作为满足他的条件。如当买方询问西装数号与价格之间的优惠比例时，可以立即让他订货，这样他就不能轻易提问。

再次，并非买方提出的每一个问题都要正面回答或马上回答。假如对方的问题切中要害，这时，你还没有找出回答的方式，你可以答非所问。如果你的西装确实好销，你就不必急于抛售了，一定要对方给出相当的价码才答应成交。当然这个价码也要让对方有利润可得。

最后，应当反客为主，使对方投出的石头为己探路。如买方询问订货数量为多少时的优惠价是多少，你可以反问：

“你希望优惠多少呢？”

在试探和提议阶段，这种发问的方法，不失为一种积极的方式，它将有助于双方为了共同的利益而选择最佳的成交途径。然而，如果谈判已十分深入，再运用这个策略只能引起分歧。如果双方已经为报价做了许多准备，甚至已经在讨价还价了，而在这时，对方突然说：“如果我对报价作些重大的修改，会怎么样？”这样就可能有损于已形成的合作气氛。因此，“假定……将会”这个策略，用在谈判开始时的一般性探底阶段，较为有效。

推销的秘诀在于找到人们心底最强烈的需要。有一个办法就是不断提问，你问得越多，客户答得越多；答得越多，暴露的情况就越多，这样，你就一步步化被动为主动，成功地发现对方的需要并满足它。

库尔曼有位朋友是费城一家再生物资公司的老板。他是从库尔曼手中买下今生第一份人寿保险的。一次，他对库尔曼说：“我突然想起来，我是怎么从你那里买下今生第一份人寿保险的。你对我说的那些话，别的推销员都说过。你的高明之处在于，你不跟我争辩，只是一个劲儿地问我‘为什么’。你不停地问，我就不停地解释，结果把自己给卖了。我解释得越多，就越意识到我的不利，防线最终被你的提问冲垮。不是你在向我卖保险，而是我自己‘主动’在买。”朋友这番话提醒了库尔曼，原来，不断提问会如此重要；原来，一句“为什么”竟像一架探测仪，让你在一番寻寻觅觅之后，终于发现客户内心的需要。

有时候即便客户自己，也不一定了解他内心的需要。那么，作为推销员，有必要通过不断提问来帮助对方发现这种需要，如果你能帮助对方发现自己内心的需要，那么，你的推销就变得易如反掌。

斯科特先生是一家食品店的老板。库尔曼通过一番提问，向他推销了自己所在保险公司有史以来最大的一笔寿险：6672 美元。下面是两人的对话记录：

库尔曼：“斯科特先生，您是否可以给我一点时间，为您讲一讲人寿保险？”

斯科特：“我很忙，跟我谈寿险是浪费时间。你看，我已经 63 岁，早几年我就不再买保险了。儿女已经成人，能够好好照顾自己，只有妻子和一个女儿跟我一起住，即便我有什么不测。她们也有钱过舒适的生活。”

换了别人，斯科特这番合情合理的话，足以让他心灰意冷，但库尔曼不死心，仍然向他发问：“斯科特先生，像您这样成功的人，在事业或家庭之外，肯定还有些别的兴趣，比如对医院、宗教、慈善事业的资助。您是否想过，您百年之后，它们就可能无法正常运转？”

见斯科特没说话，库尔曼意识到自己问到了点子上，于是趁热打铁说下去：“斯科特先生，购买我们的寿险，不论你是否健在，您资助的事业都会维持下去。7 年之后，假如还在世的话，您每月将收到 5000 美元的支票，直到您去世。如果您用不着，您可以用来完成您的慈善事业。”

听了这番话，斯科特的眼睛变得炯炯有神，他说：“不错，我资助了 3 名尼加拉瓜的传教士，这件事对我很重要。你刚才说如果我买了保险，那 3 名传教士在我死后仍能得到资助，那么，我总共要花多少钱？”库尔曼答：“6672 美元。”最终，斯科特先生购买了这份寿险。

一般而言，人们买保险是为了让自己和家人的生活有保障，而库尔曼通过不断追问，终于发现了连斯科特自己也没意识到的另一种强烈需要——慈善事业。当库尔曼帮助斯科特找到了这一深藏未露的需要之后，购买寿险来满足这一需要，对斯科特而言就成了主动而非被动的事。

还有一次，库尔曼向一家地毯厂的老板推销寿险。老板态度坚决地对他说：“无论如何我们都不会买。”库尔曼问：“能告诉我原因吗？”老板说：“我们赔钱了。资金短缺，财政赤字。而你的保险每年至少花我们8000到10000美元。所以，除非我们财政好转，我们绝不多花一分钱。”在谈话陷入山穷水尽之际，库尔曼追问：“除此之外，还有别的什么原因吗？换句话说，到底是什么原因使你这么坚决？”老板笑了，他承认道：“确实有点别的原因。是这样的，我的两个儿子都大学毕业了，他们都在这个厂工作。我不能把所有的利润都给保险公司，我得为他俩着想。对吧？”当真正的原因浮出水面，问题将迎刃而解。库尔曼为他设计了方案，向他保证财产不会流失。当然，这个方案也使老板的两个儿子有了保障。既然儿子有了保障（老板最关心的），老板没有理由不购买库尔曼向他推销的寿险。

如果你能分清什么是表层原因什么是深层原因，当然好；如果你无法辨别，那么就像库尔曼那样问一句“除此之外，还有什么原因”，相信你不会空手而归。

库尔曼告诉我们：“只要你能让顾客不停地说话，就等于他在帮助你找关键点。”

# 在谈判中回复对手问话有技巧

在谈判中，答复对方的提问是一个十分关键而又很不容易处理好的环节。提问是一种探测对方的实力、动机、意向、需求及策略，从而做到知彼知己、有的放矢、掌握主动的重要手段。在谈判中正确的答案未必是最好的答复，它从内容到形式的选择都不如提问那样有一定的自由度，相反却要承担一定的风险。因此，对待对方的提问，一概“无可奉告”固然行不通，有问必答、和盘托出也会吃大亏。答复的策略与技巧不在于回答的“对”与“错”，而在于该说什么、不该说什么。有经验的谈判者，懂得如何为答复作准备、该不该答复、何时答复、怎样答复、答复的范围程度等。

谈判中的答复技巧通常有以下几种：

## （一）有备而答

谈判者应对谈判的中心议题、双方的矛盾焦点作全面透彻的分析，对对方的问题须从谈判全局的战略高度加以认真思考，“他为什么问这个问题？”对方越是催逼自己作答，越要冷静应对。答复前充分思考不仅是谈判的需要，也是你的权利。尤其是当对方借提问旁敲侧击时，更不可掉以轻心，信口而答。

## （二）局部作答

谈判中有一种“投石问路”的策略，即借助一连串的提问来了解对方的意图、策略，分析对方的成本、价格等情况。对此，我方若“和盘托出”，将使自己陷

于被动。在这种情况下，我方不必有问必答，而可以有选择性地局部作答，对其他问题则以装聋作哑等方式搪塞过去。

### （三）含糊应答

面对棘手的问题一时难以确切回答，而拒不回答又会影响谈判气氛时，可以采取含糊应答法，看似已作答，其实留有余地，具有某种弹性，即使在意外情况下也无懈可击。

含糊应答的第一种方式是笼统式。例如，卖方问："请问您对本次谈判获得成功是否有信心？"买方答道："我想贵方应当已经充分理解我们在产品质量、价格上的立场，按正常的情况，我们是有信心的。"买方的答复似乎在最后亮出了"有信心"三个字，表明了自己的决心与诚意，其实只包含了一个暗示性的假言判断：假如在质量、价格上按我方要求，就可以成交；反之，则不可能成交。

含糊应答的另一种方式是抽象式。即通过把话题不断抽象化，让对方乍听似乎引入了与自己所提问题关系密切而又十分重要的另一问题，而听下去才发现自己已被一大堆抽象术语所包围，想理也理不清，只好带着迷迷糊糊的心理停止催问。

含糊应答还有一种两可式。即运用一些模棱两可的语言，似乎有肯定因素，又似乎有未被肯定的因素，让对方感到自己的观点已得到某种程度的理解，同时又感到我方并未完全同意，从而无从准确把握我方的答案。比如说："你方提出的要求我方完全理解，应予适当考虑；不过有的因素也是不能完全忽略的，比如××方面。我想只要通盘考虑是容易取得共识的。"

有些问题本来就没有实际答案，说白了，是一种荒谬不堪的要求。面对此类难题，不妨虚拟出几种情况予以回答。

有人故意刁难大教育家彼斯塔洛齐，问道："你能不能从孩子一出生，就看出他长大后会成为什么样的人？"彼斯塔洛齐答得很干脆："这很简单。如果在襁褓中是个小姑娘，长大后一定是个妇女；如果是个小男孩，长大后就会是个男子汉。"教育家巧妙地利用语言的歧义性，虚拟出两种情况，便化难为易，既显示了自己的智慧，同时暗含对提问者的嘲讽。

### （四）拖延回答

谈判中如果对方提问的动机不明，或觉得“从实招来”于我方不利，或问题很棘手而我方又不便拒答，则可施“缓兵之计”拖延回答。比如说：“很抱歉，因为没估计到贵方会提到这个问题，我们所带资料不全，待回去查明后即答复你们。”也可以说：“你提出了一个很重要的问题，我想你是希望我们作出详尽、圆满的答复，而这需要时间，让我们考虑一下好吗？”当然，采取这种策略要酌情做出两种选择：一是先延后答，即在充分准备后作恰当回答；二是延而不答，对经过考虑觉得没必要回答的，则来个“不了了之”。

### （五）答非所问

“答非所问”策略是指以回答问题的语气开始表述，其实只点了题而未表态就“滑”过去，谈了与原题相关而实际上是另一个问题的看法，从而有效地避开对方的锋芒；或在看似正面作答的语气中“偷梁换柱”，谈到了某件事的细节，再反过头来征求对方的看法，将“皮球”踢回对方。如：“你提的这个问题确实很重要，必须切实解决，而这就涉及一个更为关键的问题，这就是……”又如：“刚才你提到的问题很值得讨论。我方就曾遇到过这样一件事……不知你们对此有何看法？”再如，对方问：“你们对这个方案怎么看，同意吗？”这时如果马上回答同意，时机尚不成熟，你可以说：“我们正在考虑、推敲，关于付款方式只讲两点，我看是否再加上……”这样就避开了对方问话的主题，同时也把对方的思路引到你的内容上来。

### （六）有偿作答

当对方在谈判中运用投石问路策略时，高明的谈判者决不会轻易就范，而会因势利导，反过来试探对方。比如对方问：“如果我方增加一倍的订货量，你方能给予多少优惠？”卖方可以回答：“如果我告诉您，可以给予一定的优惠，咱们就签合同，怎么样？”又如买方问卖方：“如果要求按我方设计的规格生产，价格是否可以维持不变？”卖方回答：“我们这种规格的产品在市场上适应面广，销量很大，如要重新按贵方的设计规格来生产，意味着很多工序都要作出新的调整，这就势必加大成本，而且订货量起码要达到五万个，价格要提高四个百分点，请问这对贵方是否可行？”

### （七）反客为主

为抑制对方的发问，甚至反过来探明对方的虚实，可以在接过问题后抓住关键的问题向对方反问。例如买方审阅卖方报价单后说：“我看了你们的报价，在研究成交细节前，你能否更完整地解释一下，价格上涨了 50%，是用什么方法计算出来的？”这是一个很难应对的提问，答不好可能为买方压价提供攻击点，而这正是买方提问的动机所在。卖方可以这样回答：“物价上涨与成本提高的关系是不言而喻的。当然，如果你对这个提价的幅度感到不满意的话，我很乐意就你觉得不妥的某些具体问题予以澄清，请问什么方面使你觉得不妥？”又如，对方问：“你们打算购买多少？”如果你考虑先说出订数不利于讲价，那么可以说：“这要根据情况而定，看你们的优惠条件是什么？”

### （八）沉默反观

对一些明显不值得回答或不便回答的问题，如果不回答对方也无法指责的话，完全可以不予理会。当然，不要只是简单地沉默不语，可以“王顾左右而言他”或辅以某些相应的“体态语言”：如微笑的中断、皱眉、双手在胸前交叉而两脚重叠、目光旁视等向对方发出所提问题无法回答的信息。

# 在谈判中运用让步策略的要领

在利益冲突不能采取其他方式协调时，客观标准的让步策略在商务谈判中会起到非常重要的作用。成功让步的策略和技巧表现在谈判的各个阶段，但要有效运用让步策略，总体来说须服从以下原则：

## （一）让步的原则

### 1. 目标价值最大化原则

应当承认，在商务谈判中的很多情况下，目标并非是单一的，在谈判中处理这些多重目标的过程中不可避免地存在着目标冲突现象。谈判的过程事实上是寻求双方目标价值最大化的一个过程，但这种目标价值的最大化并不是所有目标的最大化。如果是这样的话就违背了商务谈判中的平等公正原则，因此也避免不了在处理不同价值目标时使用让步策略。不可否认，在实际过程中不同目标之间的冲突是时常发生的，但是在不同目标中的重要价值及紧迫程度也是不相同的，所以在处理这类矛盾时所要掌握的原则，就需要在目标之间依照重要性和紧迫性建立优先顺序，优先解决重要和紧迫的目标，在条件允许的前提下适当争取其他目标。其中的让步策略首要就是保护重要目标价值的最大化，如关键环节——价格、付款方式等。成功的商务谈判者在解决这类矛盾时所采取的思维顺序是：（1）评估目标冲突的重要性，分析自己所处的环境和位置，在不牺牲任何目标的前提下冲突是否可以解决；（2）如果在冲突中必须有所选择地区分主目标和次目标，以保证整体利益最大化，但同时也应注意目标不要太多，以免顾此失彼，甚至自相矛盾，给谈判对手以可乘之机。

**2. 刚性原则**

在谈判中，谈判双方在寻求自己目标价值最大化的同时也对自己最大的让步价值有所准备，就是说，谈判中可以使用的让步资源是有限的。所以，让步策略的使用是具有刚性的，其运用的力度足能是先小后大，一旦让步力度下降或减小，则以往的让步价值也会失去意义；同时谈判对手对于让步的体会具有抗药性，一种方式的让步使用几次就失去效果，同时也应该注意到谈判对手的某些需求是无止境的。应认识到，让步策略的运用是有限的，即使你所拥有的让步资源比较丰富，但是在谈判中对手对于你的让步的体会也是不同的，并不能保证取得预先期望的价值回报。因此，在刚性原则中必须注意到以下几点：（1）谈判对手的需求是有一定限度的，也是具有一定层次差别的，让步策略的运用也必须是有限的、有层次区别的；（2）让步策略的运用效果是有限的，每一次的让步只能在谈判的一定时期内起作用，是针对特定阶段、特定人物、特定事件起作用的，所以不要期望满足对手的所有意愿，对于重要问题的让步必须给予严格的控制；（3）时刻对于让步资源的投入与你所期望效果的产出进行对比分析，必须做到让步价值的投入小于所产生的积极效益。在使用让步资源时一定要有一个所获利润的测算，你需要投入多大比例来保证你所期望的回报，并不是投入越多回报越多，而是寻求一个二者之间的最佳组合。

**3. 时机原则**

所谓让步策略中的时机原则就是在适当的时机和场合做出适当适时的让步，使谈判让步的作用发挥到最大。在实际谈判过程中，时机是非常难以把握的，常常存在以下种种问题：（1）时机难以判定，例如认为谈判的对方提出要求时就认为让步的时机到了，或者认为让步有一系列的方法，谈判完成是最佳的时机；（2）对于让步的随意性导致时机把握不准确，在商务谈判中，谈判者仅仅根据自己的偏好、兴趣、成见等因素使用让步策略，而不顾及所处的场合、谈判的进展情况及发展方向等，不遵从让步策略的原则、方式和方法。这种随意性导致让步价值缺失、让步原则消失，进而使对方的胃口越来越大，在谈判中丧失主动权，导致谈判失败，所以在使用让步策略时千万不得随意而为之。

#### 4. 清晰原则

在商务谈判的让步策略中的清晰原则是：让步的标准、让步的对象、让步的理由、让步的具体内容及实施细节应当准确明了，避免因为让步而导致新的问题和矛盾。常见的问题有：（1）让步的标准不明确，使对方感觉自己的期望与你的让步意图错位，甚至感觉你没有在问题上让步而是含糊其辞；（2）方式、内容不清晰，在谈判中你所作的每一次让步必须是对方所能明确感受到的，也就是说，让步的方式、内容必须准确、有力度，对方能够明确感觉到你所做出的让步，从而激发对方的反应。

#### 5. 弥补原则

如果迫不得已，己方再不作出让步就有可能使谈判夭折的话，也必须把握住“此失彼补”这一原则。即这一方面（或此问题）虽然己方给了对方优惠，但在另一方面（或其他地方）必须加倍地、至少均等地获取回报。当然，在谈判时，如果发觉此问题己方若是让步可以换取彼处更大的好处时，也应毫不犹豫地给其让步，以保持全盘的优势。

在商务谈判中，为了达成协议，让步是必要的。但是，让步不是轻率的行动，必须慎重处理。成功的让步策略可以起到以牺牲局部利益换取整体利益的作用，甚至在有些时候可以达到“四两拨千斤”的效果。

### （二）让步的策略

如何才能在谈判开始不致做大幅的让步，而使自己蒙受不必要的损失呢？这就有赖谈判之前的周全准备了。在谈判之前，你必须掌握足以支持和证实你的主张的凭据，借此封锁住对方所带来的反驳资料，使其完全没有逼使你让步的机会。

常见的让步策略有：

**1. 理想的让步方式**

应遵守步步为营的原则，做到让而不乱，成功地遏止对方能产生无限让步的要求，这是因为：每次让步都给对方一定的优惠，表现了己方的诚意，同时保全了对方的面子，使对方有一定的满足感；让步的幅度越来越小、越来越困难，使对方感到己方让步不容易，是在竭力满足对方的要求；最后的让步幅度不大，是给对方警告，己方让步到了极限。也有些情况下，最后一次让步幅度较大甚至超过前一次，这是表示己方合作的诚意，发出要求签约的信息。

**2. 互惠的让步方式**

指以己方在某一问题的让步换取对方在某一问题的让步。能否采取这种方式，与采用的谈判方式有关，要做到灵活掌握，如在交货期限上的让步，换取对方价格上的让步。

**3. 丝毫无损的让步方式**

这实质上是一种高姿态的让步方式。比如对方要求己方在某些方面让步，而且理由很充分，但己方确实不想让步，这时可采取的一种让步方式是：承认对方的要求是合理的，从感情上我们愿意做出让步，但确有实际困难，请对方谅解，这样可以给对方一种心理上的满足，促成对方让步。

**4. 长、短期利益相结合的让步方式**

这种让步方式一般用在具有长期合作要求的谈判者之间，由于谈判双方有的对远期利益感兴趣，有的对近期利益感兴趣，这样可以相互作出让步：有的取远期利益，放弃近期利益；有的取近期利益，放弃远期利益。

### （三）让步的技巧

（1）让对方在重要问题上先让步。如让步必须由己方作出，可以先在较小的问题上让步。

（2）让对方在争取己方的每一次让步中都付出艰苦努力。一般来说，人们对于付出艰苦努力后所获得的让步成果总是感到欣慰的。

（3）不要让步太快，也不要作无谓的让步，己方的每次让步都要导致对方也作出相应的让步。

（4）同等级的让步是不必要的。如果对方要求你让50%，你可以考虑让30%。

（5）如果让步需要在谈判双方之间进行若干来回，必须注意在每一回让步中打下折扣，留下回旋余地。不要在让步过程中忘记了己方让步的次数和程度，以免以后导致谈判吃亏甚至失败。

（6）如果让步是不能允许的，也不要不好意思说“不”，怕丢面子。

（7）让步要让在刀刃上，让得恰到好处，使我方较小的让步能给对方较大的满足。

（8）在我方认为重要的问题上，要力求使对方先让步。而在较为次要的问题上，根据情况，我方可以考虑先让步。

（9）考虑作出让步时要三思而行，不要随随便便，掉以轻心。

（10）如果作了让步后又觉得考虑不周，想要收回，也不要不好意思，因为这还不是协定，完全可以推倒重来。

（11）每一次让步的幅度不宜过大，节奏也不宜太快，应做到步步为营。

美国著名谈判专家荷伯·科恩在《谈判与人生》一书中讲述了他亲身经历的一件趣事：荷伯与妻子到墨西哥度假。一次，荷伯在街头闲逛。有个当地的小贩在大热天里身披几件当地的特产披肩毛毯沿街叫卖着：“1200比索（比索是墨西哥货币单位）！”“他是在向谁叫卖呢？”荷伯想，“肯定不是我。一来他不一定知道我是旅游者，二来他一定不知道我在注意他。”于是荷伯快步从小贩身边走过，并对他说：“朋友，我不想买毛毯，你到别处卖吧！”

小贩点点头表示明白了。

荷伯继续向前走，却听到身后有脚步声，原来那个小贩一直跟着他。“好啦，”小贩高喊，“大减价，1000……800比索好了。”

荷伯加快了脚步，但小贩也加快了速度，而他的要价已降到 600 比索了。因为遇上红灯，荷伯不得不在街口停下。小贩依然跟在后面喊：“600，600 就好……500，500 比索……好啦，好啦，400 比索。”

绿灯亮起，荷伯快速通过马路，希望能摆脱小贩的纠缠。他刚想回头看，耳边又听到小贩的叫卖声：“先生，先生，400 比索。”

荷伯感到又累又热，转身气呼呼地对小贩说：“告诉你我不买！别再跟着我！”

“好吧，你赢了！”小贩说，“只卖你 200 比索！”

“你说什么？”虽然荷伯没打算买披肩，但还是对小贩的报价感到吃惊。

“200 比索！”小贩又重复了一遍。

“让我看看。”荷伯说。

又是一番讨价还价，最终以 170 比索成交。

小贩告诉荷伯，在墨西哥历史上，以最低价格买到一条披肩的是一个来自加拿大的游客，他花了 175 比索，因为他的父母是墨西哥人；而荷伯只花了 170 比索，他在墨西哥历史上创造了买披肩的新纪录。

回到旅馆，荷伯不无得意地向妻子炫耀：“你一定会为这个奇迹骄傲的！一位当地的谈判家要价 1200 比索，而一位国际谈判专家——和你一起度假的人——只用了 170 比索就买下了这条漂亮的毛毯！”

妻子听了讪笑道：“真有趣，我也买了条和你同样的披肩，只要 150 比索，就挂在柜子里。”

一个墨西哥小贩成功地说服了一个国际谈判专家，其秘诀在于高起点、低定势，始终在“吊胃口”，结果让国际谈判专家心甘情愿地掏了腰包，还自以为捡了个大便宜。

# 在谈判中依靠好口才说服对手的要领

## （一）常见的反对意见及处理方式

在谈判过程中，常见的反对意见及处理方式如下：

### 1. 一般性的不同意见

这是谈判中最常见的反对意见。每当一项提议拿到谈判桌上来，另一方就可能提出不同意见或疑问。有些是由于提议带有明显的偏颇性，但即使是对双方都有利的提议，也会遭到反对。这是出于“提的问题越多，越能发现问题”的逆反心理。所以，有时会出现一方把提议的好处介绍得越多，越容易引起对方的疑心，遭到对方反对的情况。

### 2. 偏见与成见

这是带有较强感情色彩的主观性反对意见，也是最难处理的反对意见。对方可能出于先入为主的印象，片面强调某一点，如购进机器设备，必须包括零配件；产品包装，只能统一规格；交易一定是强者胜、弱者败等等。你摆事实、讲道理很难改变他的看法，因为对方的看法带有一定的感情色彩，有些则是由于不同文化背景形成的根深蒂固的观念。要在不影响磋商的前提下，尽可能避免讨论由偏见引起的分歧。

### 3. 借口

借口不是真正的反对意见。它是对方出于某种原因不想说明，但又拒绝对方要求的理由。在有些情况下，对方代表受有限权力的约束，可能对商品价格、购买数量或支付能力不能作最后决策，但又不便公开申明，便寻找种种借口。这时，我方不必过多地纠结这一问题，因为即使你消除了这些借口，对方也不会与你达成最终协议，弄不好倒使他感到有必要对他的借口进行辩护，使借口转化为真正的反对意见。比较好的处理方法是采取回避的方式，可装作没听见，也可建议对方回头再讨论，随着洽谈的进展，对方很可能就不再坚持了。

### 4. 了解情况的要求

提出这种反对意见，目的是要了解更多的情况，一般以问话的形式提出。如："这种材料的质量为什么比价格贵的还好呢？""我们不能同意你们更换这部分材料的做法，除非你们能做出恰当的解释。"这类反对意见是建立在对方诚意或善意的基础上，比较容易处理。反驳这种意见一定要举出令人信服的证据。表达也应婉转，要让对方明白我方不同意的理由。有时对方的要求不太高，却需要我方付出很大代价。这样，对方也不会过于坚持自己的意见。

### 5. 自我表现式的不同意见

谈判一方为表明自己掌握某些情况，或说明他有独立见解，喜欢找机会表达他自己的某些看法，提出不同意见，并列举他认为正确的有说服力的事例。遇到这种情况，我方最好不要急于反驳，要让对方把意见讲完，必要时也可予以肯定，并注意一定不能伤其自尊心，但也不能怕失去交易盲目迎合。可以用事实去说服，间接指出或暗示他讲得不正确、不全面。

### 6. 恶意的反对意见

这种反对意见目的是给对方出难题，有意搅乱视听，甚至对个人进行人身攻击。处理这类反对意见，一定要冷静、清醒，不要鲁莽行事，大动肝火。可以装作没听见，也可以义正词严地指出其错误，还可以根据当时具体情况采取积极灵活的方法消除对方火气。这样，恶意的攻击会变成一般的意见，事情就简单化了。

### （二）诱导劝说别人的方法

美国人杰尼·蔻尔曼在《商业谈判技巧》一书中介绍了诱导劝说别人的13种方法：

（1）谈判开始时，要先讨论容易解决的问题，然后再讨论容易引起争论的问题。

（2）如果能把正在讨论的问题和已经解决的问题连在一起，就较有希望达成协议。

（3）双方期望与对方谈判的结果有着密不可分的关系。伺机传递消息给对方，影响对方的意见，进而影响谈判的结果。

（4）假如同时有两个信息要传递给对方，其中一个是较悦人心意的，另外一个则较不合人意，则该先让他知道那个较合他心意的消息。

（5）强调双方处境的相同要比强调彼此处境的差异更能使对方了解和接受。

（6）强调合同中有利于对方的条件，这样才能使合同较易签订。

（7）先透露一个使对方好奇而感兴趣的消息，然后再设法满足他的要求。这种信息千万不能带有威胁性，否则对方就不会接受了。

（8）说出一个问题的两面，比单单说出一面更有效。

（9）等讨论过赞成和反对的意见后，再提出你的意见。

（10）通常听话的人比较容易记住对方所说话的头尾部分，中间部分比较不易记住。

（11）结尾要比开头更能给听者深刻的印象，特别是当他们不了解所讨论的问题时。

（12）与其让对方作结论，不如先由自己清楚地陈述出来。

（13）重复地说明一个消息，更能促使对方了解、接受。

### （三）消除异议的方法

在推销过程中，顾客常常提出各种理由拒绝推销员。他们会对推销员说：“我不需要你的产品”“我没钱”“我们已有供应商”“价格太高了”，等等。据统计，美国百科全书推销员每达成一笔生意要受到179次拒绝。顾客异议具有两面性：既是成交障碍，也是成交信号，我国一句经商格言“褒贬是买主，喝彩是闲人”即说明了这个道理。

以下是销售专家介绍的几种消除异议的方法：

### 1.“对，但是”处理法

对顾客的不同意见，如果推销员直接反驳，会引起顾客不快。推销员可首先承认顾客的意见有道理，然后再提出与顾客不同的意见。这种方法是间接否定顾客意见，比起正面反击要委婉得多。一位家具推销员向顾客推销各种木制家具，顾客提出：“你们的家具很容易扭曲变形。”推销员解释道：“您说得完全正确，如果与钢铁制品相比，木制家具的确容易发生扭曲变形现象。但是，我们制作家具的木板经过特殊处理，扭曲变形系数已降到只有用精密仪器才能测得出的地步。”

### 2.同意和补偿处理法

如果顾客提出的异议有道理，推销员采取否认策略是不明智的。这时，推销员应首先承认顾客的意见是正确的，肯定产品的缺点，然后利用产品的其他优点来补偿和抵消这些缺点。推销员常对顾客说“价高质量更高”，即是通过质量更高的优点来抵消和弥补价格高的缺点。

### 3.讲故事法

研究发现，用10倍的事实来证实一个道理要比用10倍的道理去论述一件事情更能吸引人。试比较以下两种说法，看哪种效果好：

甲：“使用这种机器，可以大大地提高生产效率、减轻劳动强度。它受到用户们的好评，订货量与日俱增。”

乙：“××钢铁厂使用了这种机器，生产效率比过去提高了40%，工人们反映操作方便、效率高，非常欢迎。现在，该厂又追加订货10台。”

推销员如以这样的话作为开场白会显得十分乏味而失去吸引力，“这种衬衫只要用温水泡上一些中性洗涤剂就可以洗干净，而且洗好后不用熨衣服就会很挺的”。如果换一种说法，“这衬衫干得快且不用烫，晚上洗，第二天早上你就可以穿它去上班了”，就能充分吸引顾客注意力，甚至引起购买欲。

具体的细节比笼统的说法更易打动顾客。一位高压锅推销员对顾客说：“五口之家用高压锅，每天可节省一块半煤、1 毛钱，每年可节省 36 元。高压锅按国家规定的标准可用 8 年，这就是说，您家使用高压锅，不仅省时、省事，节省的煤钱就达 300 元，而我们的高压锅才卖 70 元。”

美国纽约“成功动机研究”主持人保罗·梅耶进行大量研究后发现，优秀的推销员都会巧妙地利用人们喜欢听故事的兴趣去取悦顾客，他们会津津有味地讲起与销售有关的故事。一位推销员在听到顾客询问“你们产品质量怎样”时，没有直接回答，而是讲了一个故事：“前年，我厂接到顾客一封投诉信，反映产品质量问题。厂长下令全厂职工自费坐车到一百公里之外的客户单位，当全厂工人来到客户使用现场，看到由于产品质量不合格而给用户造成损失时，感到无比羞愧和痛心。回到厂里召开质量讨论会，大家纷纷表示，今后绝不让一件不合格的产品进入市场，并决定把接到顾客投诉的那一大作为‘厂耻日’。结果当年我厂产品就获得省优称号。”推销员没有直接说明产品质量如何，但这个故事让顾客相信了他们的产品质量。

#### 4. 富兰克林说服法

美国著名政治家富兰克林发明的富兰克林说服法是从理智上打动顾客的好方法，其核心内容是，推销员把顾客购买产品所能得到的好处和不购买产品的不利之处一条一条地列出，用列举事实的方法增强说服力。

奥诚良治是日本著名的推销员，曾连续 16 年成为日产汽车公司的推销冠军。为了能卖出一辆汽车，他详细地准备了一份资料，共记有顾客购买此种汽车后的优点及不购买的不便整整 100 条。这样，他在与顾客打交道时就显得胸有成竹。

生意是“谈”出来的。如果没有达成交易，是因为话没说透，即“买卖不成话不到”。但推销员光靠一张巧嘴还不行，因为言语不是传递信息的唯一手段，也不是最有效的手段，文字、图片、样品等更可以传递大量信息，也更容易为顾客所接受。

日本丰田汽车公司一个不可动摇的原则是：“一个优秀的推销员不只靠产品说话，而且要善于利用各种推销工具。”人们有“耳听为虚、眼见为实”的心理，推销员要使顾客相信自己所说的一切是正确的，就要提供证据。

某厂开发的新产品气功激发仪，在商场柜台摆放 3 个月无人问津，而后一天该商品却被顾客抢购了 198 个。原来是销售人员改变了销售方式，他们不仅向顾客介绍产品性能，而且还现场进行示范表演。当在一位患肩周炎的老人身上进行示范时，奇迹发生了，这位老人的胳膊不仅能抬起，而且伸直弯曲也不疼。围观的观众为之折服，纷纷解囊。

### 5. 创造性的开场白

当代世界最富权威的推销专家戈德曼博士强调，在面对面的推销中，说好第一句话是十分重要的。食品推销员马休正想以老套话“我们又生产出一些新产品”来开始他的销售谈话，但他马上意识到这样做是错误的，于是改口说：“班尼斯特先生，如果有一笔生意能为你带来 1200 英镑，你感兴趣吗？”“我当然有兴趣了，说吧！”“今年秋天，香料和食品罐头的价格最起码上涨 20%。我已经算好了，今年你能出售多少香料和食品罐头，我告诉你……”然后他就把一些数据写了下来。多少年来，他对顾客的生意情况非常了解，这一次，他又得到了食品老板班尼斯特先生很大一笔订货，都是香料和食品罐头。

一位美国保险业务员在整理名片时，发现一张总经理的名片，看到注明的公司地址距离自己不远，值得走上一回。但是和这位总经理只有一面之缘，估计他早把自己忘记，于是心生一计。

业务员来到这家公司，对前台的接待小姐说：“我是杰克，想拜访贵公司的总经理弗兰克先生，麻烦你通报一下。”

接待小姐说：“杰克先生，请问您有预约吗，您是在哪家公司工作啊？”

杰克一脸诚恳地告诉接待小姐："马尼（Money）公司。我的专职是推销钞票，请你转告弗兰克总经理。"

接待小姐诧异地看着杰克，那眼神流露出的全是不信任的信息，如果不是囿于职业道德，也许她会说"你是个精神病"，但她还是打电话向总经理进行了报告。

杰克获许来到总经理办公室。弗兰克站起身来说："你说是来推销钞票的，我倒想听听你是怎么个推销法？"

"弗兰克先生，我的确是来推销钞票的，请问贵公司有什么需要吗？"杰克说。

弗兰克小心翼翼地说："那要看你推销的钞票需要我们公司付出什么样的代价。"

"弗兰克先生，我刚从另外一家公司过来，以这家公司情形来说，我们的收费只有百分之三而已，但是我向您收费的标准要看实际条件而定。"

弗兰克显然不愿绕转子，直截了当地说："杰克先生，请问你到底是要推销什么东西？"

杰克说："我说过了，我是推销钞票的，这是当你在最需要的时候，可以帮助你解围的钱。"

弗兰克说："你的话让我更加难以理解了，这到底是怎样的一桩生意？"

"我是来推销退休保险金的。"杰克终于说出了来意。

弗兰克一脸不屑，"你是说替公司里那些游手好闲的人买退休金吗？"

杰克说："这倒不一定，退休金计划本身并没有什么差别待遇和歧视，况且它也没有限定你不能另外设立一项基金，使公司那些重要的主管能够享受到这项特别的福利，请你仔细考虑一下，贵公司5年以上工龄的高级主管有多少人，还有多少人是已经服务超过20年，但是还没有满55岁的？"弗兰克说："差不多十来个。"

杰克说："这些人就是你应该特别考虑的啦。你可以买一套非常好的退休金保险，使你本人和那些高级主管都得到额外的福利，而且税务局规定，这一种退休金可以免税。"

弗兰克倒也觉得言之有理："你的这份退休计划很好，可以让我的公司一举两得。从某种意义上说，你的确是给我送钞票来了。我这就把相关人员的资料给你，你尽快做一份详细计划给我……”

如果杰克直接说自己是推销保险的，估计连弗兰克都见不到，就被接待小姐婉言拒绝了。用推销钞票这个新奇创意解除了接待小姐和弗兰克的防范心理，然后再向弗兰克和盘托出能给他公司带来双重利益的退休保险计划，遂告成功。

### 6. 巧使名片

日本一位寿险推销员的名片上只印一个“76600”的数字，接到名片的顾客总是好奇地问：“什么意思？”推销员反问：“您一生中吃多少顿饭？”几乎没有人能答得出来，推销员接着说：“76600 顿嘛！假定退休年龄是 55 岁，按照日本人的平均寿命预算，您还剩下 19 年的饭，即 20805 顿……”这位推销员用一张新奇的名片，一开始就吸引了顾客的注意力。

一位推销员递给客户的名片上印有硬币的模样，客户百思不得其解，问道：“这是什么意思呢？”推销员笑着回答：“这个圆代表你我之间的缘分。能见面就是缘。当然，我也希望这次商谈能让我们之间的缘分更加巩固和牢靠。”就这样一下拉近了双方的距离。

### 7. 虚心求教法

在你费尽口舌，使出浑身解数都无济于事，眼看这笔生意做不成时，不妨试试以下方法。“王经理，虽然我知道我们的产品绝对适合您，可惜我的能力太差了，无法说服您，我认输了。不过，在告辞之前，请您指出我的不足，让我有一个改进的机会好吗？”像这样谦卑的话语，不但很容易满足对方的虚荣心，而且会消除彼此之间的对抗情绪。他会一边指点你，一边鼓励你，为了给你打气，说不定还会给你一张意料之外的订单。

我们再来看几个成功运用说服技巧的经典例子。

美国汽车业“三驾马车”之一的克莱斯勒汽车公司拥有近 70 亿美元的资金，是美国第十大制造企业，但自进入 20 世纪 70 年代以来该公司却屡遭厄运，在此危难之际，艾柯卡出任总经理。为了维持公司最低限度的生产活动，艾柯卡请求政府给予紧急经济援助，提供贷款担保。但这一请求引起了美国社会的轩然大波，社会舆论几乎众口一词：克莱斯勒赶快倒闭吧。按照企业自由竞争原则，政府绝不应该给予经济援助。最使艾柯卡感到头痛的是国会为此而举行了听证会，那简直就是在接受审判。委员会成员坐在半圆形高出地面八尺的会议桌上俯视着证人，而证人必须仰着头去看询问者。参议员、银行业务委员会主席威廉·普洛斯迈质问他："如果保证贷款案获得通过的话，那么政府对克莱斯勒将介入更深，这对你长久以来鼓吹得十分动听的主张（指企业的自由竞争）来说，不是自相矛盾吗？""你说得一点也不错，"艾柯卡回答说，"我这一辈子一直都是自由企业的拥护者，我是极不情愿来到这里的，但我们目前的处境进退维谷，除非我们能取得联邦政府的某种保证贷款，否则我根本没办法去拯救克莱斯勒。"

他接着说："我这不是在说谎，其实在座的参议员们都比我还清楚，克莱斯勒的请求贷款案并非首开先例。事实上，你们的账册上目前已有了 4090 亿元的保证贷款，因此务请你们通融一下，不要到此为止，请你们也全力为克莱斯勒争取 4100 万美元的贷款吧，因为克莱斯勒乃是美国的第十大公司，它关系到 60 万人的工作机会。"

艾柯卡随后指出日本汽车正乘虚而入，如果克莱斯勒倒闭了，它的几十万职员就得成为日本的佣工，根据财政部的调查材料，如果克莱斯勒倒闭的话，国家在第一年里就得为所有失业人口花费 27 亿美元的保险金和福利金。所以他向国会议员们说："各位眼前有个选择，你们愿意现在就付出 27 亿呢？还是将它一半作为保证贷款，日后并可全数收回？"持反对意见的国会议员无言以对，贷款终获通过。

艾柯卡所引述的材料，参议员们不一定不知道，只是他们没有去认真地分析过这些材料。艾柯卡所做的一切只是将议员知道的一切再告诉他们，并让他们真正明白他们所知道的。成功的奥妙就在这里。

毛遂者，赵国平原君赵胜门下的一个食客。在赵胜家吃了几年闲饭，一直无所事事。有一天，秦国出兵包围了赵国都城邯郸，赵王命平原君去楚国求救。平原君想挑选20个有本领的食客同去，挑来挑去，只挑了19名。这时，毛遂走出来说："我就是您想要的第二十个伙伴。"平原君问他；"你来我这儿几年了？"毛遂说："3年。"平原君说："有本事的人活在世上，就好比锥子放在皮袋子里，尖子马上露出来了。您在我这儿待了三年，左右的人没有一个称赞你，我也从来没有听说过你，可见你还是没有什么本事，您还是留下吧！"毛遂说："我这把锥子今天就要求装进布袋里去。如果你早让我进了布袋，我整个儿都会露出来，不只是锥子尖尖而已。"平原君见他说得有道理，就带上他一起去楚国。平原君到了楚国，商量制定军事联盟条约之事。从日出谈到日落，都决定不下来，楚国的态度非常犹豫。平原君的19个食客就对毛遂说："先生您上去解决吧！"毛遂立即提着剑踏着台阶一步步走上楚国大殿，对平原君说："条约订不订，有利还是有害于楚国，两句话就决断了，怎么拖这么久呢？"毛遂对楚王陈述合纵抗秦之利害，并持剑在手，胁迫楚王同意合纵，歃血而盟。平原君完成使命回赵后，拜毛遂为上客，并说："我以后再也不敢说我能看出别人有无才能了！"

在负荆请罪的故事中，蔺相如出使西秦，完成"完璧归赵"任务后，赵王见他"不辱于诸侯"，拜为上大夫，位在老将军廉颇之上。廉颇自认为战功卓著，反而屈居蔺相如之下，心中不服，常想找机会侮辱他，让他出丑丢面子。蔺相如听说后，尽量不与廉颇碰面，连早朝也请病假，免得与廉颇争席位的高低。有一次相如出门，远远望见廉颇来了，马上掉转车头躲避，手下的人误认为他软弱怕事，都不愿跟随他，要辞职不干。

面对众门客激烈的言辞，怎么辩解呢？蔺相如先不作下面解释，却以明知故问的方式，岔开话题，问了一件似乎无关的事：

"你们看廉将军和秦王相比，哪个厉害？"下属说："廉将军当然不如秦王。"蔺相如说："对了。秦王那么威风，我在渑池大会上，都敢当面骂他顶撞他，难道我还会怕一个廉将军吗？强暴的秦国之所以不敢侵犯赵国，只是因为有我与廉将军在。如果我们两人相争，不正给了敌人进攻机会吗？所以，我躲开廉将军，完全是以国家安危为重，把个人恩怨放在一边呀！"

众门客顿时领悟，由衷折服。这些话传到廉颇耳中，这位久经沙场的老将军羞愧不已，立即上蔺府“负荆请罪”。

说服技巧同样被广泛应用于日常生活中。某公司的几位职员常在领导不在时凑在一起闲聊，一旦发现领导来了，便立刻各就各位，佯装工作状。有一次领导经过这里发现了他们的秘密，但他没有动怒，只是别有用意地问：“干多久了？”一个职员说：“您猜呢？”“我想是从你们听见我的脚步声算起。”职员还有点不服气地问：“您怎么知道？”“我走得越远，听你们说话越清楚；走得越近，耳朵越不管用。”领导的含蓄批评，让他们感到很不好意思。

忠告或批评必须选择恰当的时机，最好是选择没有第三者在场的场合，否则他会认为你故意让他当众出丑，从而增加抗拒心理。

某单位的员工迟到早退的现象相当严重，上司终于忍不住出声了。如果态度粗暴，甚至以威胁的口吻说话，那么被批评者可能也会强硬地说：“既然你对我不满意，那我不干好了。”这样就有可能使上司下不了台。

按一般情理，迟到者不论理由如何，绝不会视迟到为好事，虽然没向上司说声抱歉，但心理上总是不安。在这种情况下，你可以采用温和的语气说：“对不起，我不了解你有什么困难，如果能够克服的话，我请你注意一下影响。我知道你住得远，交通又拥挤，不过我仍然要拜托你能尽量不迟到。”

由于你能够谅解他犯错误的原因，使他感到你不是在故意难为他，他才可能听得进你的批评。

# 谈判中的拒绝技巧是一种艺术

在谈判中往往会遇到这样的情况，面对突如其来的提问和不合理的要求，顿时感到束手无策，无以对答。这时，如果随机应变，运用逆反思维、反向求因等方法进行巧妙解说，不但能有效地拒绝对方的无理要求，还可以使结论奇迹般地发生变化。

东晋时，梁琛作为使者被派往前秦谈判，他的兄长梁奕在前秦任职尚书郎。秦王苻坚很想利用这层关系笼络梁琛。他安排梁琛住到梁奕家里，被拒绝后，又让梁奕屡次探问东晋的一些事情。

梁琛对梁奕说："我们兄弟各有心思，如果我说东晋好，恐怕兄长不愿意听，如果说东晋的短处，又不是使者应该说的。"

梁奕再也不好问什么了。

梁琛的话，看似平常，其实非常巧妙，它向对方摆出了自己左右为难的处境，因为无论说东晋什么，都会使自己陷入不仁不义的境地，这样一来，梁奕怎么好再逼问他呢？

1797年，年轻的拿破仑·波拿巴将军在意大利战场取得全胜，凯旋而归。从此，他在巴黎社交界身价百倍，也成为众多贵妇人追逐青睐的对象。然而，拿破仑不喜欢这一套，并且有些讨厌。可是，有些人硬是紧追不放，纠缠不休。当时的才女、文学家斯达尔夫人，几个月中一直在给拿破仑写信，想结识拿破仑。一天晚上的舞会上，斯达尔夫人头上缠着宽大的包头布，手上拿着桂枝，穿过人群，迎着拿破仑走来。拿破仑实在无法避开。当斯达尔夫人把一束桂枝送给拿破仑时，他说："应该把桂枝留给缪斯（即文艺之神）。"斯达尔夫人认为这是一句俏皮话，并不感到尴尬。她继续没话找话地与拿破仑纠缠，拿破仑出于礼貌也不好生硬地中断谈话。

"将军，您最喜欢的女人是谁呢？"

"是我的妻子。"

"这太简单了，您最器重的女人是谁呢？"

"是最会料理家务的女人。"

"这我想到了，那么，您认为谁是女中豪杰呢？"

"是孩子生得最多的女人，夫人。"

他们这样一问一答，愈谈愈没趣。斯达尔夫人感到局促不安，也不想再自讨没趣，只得作罢。

谈判是满足双方需要的利益合作过程。在这个过程中，由于每个人的需要不同，因而会呈现不同的行为表现。有的人喜欢在谈判中以战取胜，而有的人强烈希望被喜欢，获得别人的赞赏。前一种人太好战，在谈判中很难与人合作，后一种人由于希望被人喜欢而不敢面对现实的冲突，是不善于拒绝的人。在商务谈判中，要采取对立的立场，或者拒绝对方，并不是一件容易的事情。

如果你掌握在适当的时候表示拒绝，你的谈判条件将会立刻增加。谈判中的拒绝，说是"技巧"也好，"艺术"也好，是指拒绝对方时，不能板起脸来态度生硬地回绝对方；相反，要选择恰当的语言、恰当的方式、恰当的时机，而且要留有余地。

### （一）问题法

所谓问题法，就是面对对方的过分要求，提出一连串的问题。这一连串的问题足以使对方明白你不是一个可以任人欺骗的笨蛋。无论对方回答或不回答这一连串的问题，也不论对方承认或不承认，都已经使他明白他提的要求太过分了。

例如，在一次中国关于某种农业加工机械的贸易谈判中，中方主谈面对日本代表高得出奇的报价，巧妙地采用了问题法来加以拒绝。中方主谈一共提出了四个问题：

（1）不知贵国生产此类产品的公司一共有几家？

（2）不知贵公司的产品价格高于贵国某某牌的依据是什么？

（3）不知世界上生产此类产品的公司一共有几家？

（4）不知贵公司的产品价格高于某某牌（世界名牌）的依据又是什么？

这些问题使日方代表非常吃惊。他们不便回答也无法回答。他们明白自己报的价格高得过分了。所以，设法自找台阶，把价格大幅度地降了下来。所以运用问题法来对付上述这种只顾自己利益、不顾对方死活而提出过分要求的谈判对手，确实是一副灵丹妙药。

### （二）借口法

在谈判中，有时会碰到一些无法满足的要求，最好的办法是用借口法来拒绝他们。上海某合资针织企业的产品销路非常好。有人拿了某领导的批条来找销售经理，要以低于批发价的价格购买一大批。销售经理看日近中午，灵机一动，先招待来人吃饭，并对来人说："你要的东西数量大，批价低，已超出我的权限。不过你放心，这事我马上全力去办。你先吃饭。"饭后，他又对持条人说："你的条子，要我们总经理批。可总经理刚到北京开会去了。你是否先回去，过两天再打电话来问问。"这家伙碰了个软钉子，发不出火，只得怏怏而返。

过了两天，此人打电话去问。销售经理告诉说，他向总经理汇报过了，总经理答复：这种大事要董事会研究。他安慰持条人说他会尽力向董事会争取的，要持条人过两个星期再打电话询问。持条人一听这么麻烦，心里早就凉了半截。他明白要董事会里那些外国人点头同意是不可能的事，所以也就不再打电话问结果了。

销售经理巧妙地把对方的注意力从自己身上转移到总经理身上，再转移到外国董事身上，叫他有气也无处发。

《三国演义》第 66 回，刘备并吞西川后，孙权打发诸葛瑾到成都，哭诉全家老小已被监禁，要孔明念同胞之情，找刘备要还荆州。孔明得知诸葛瑾到，教刘备“只需如此如此……”

这“如此如此”是什么策略呢？是孔明、刘备、关羽默契配合“踢皮球”，即把问题你踢给我，我踢给他，迫使对手按己方的“球路”走，形成心理上的干扰、体力上的消耗，最终破灭对方的希望。

请看孔明、刘备、关羽在这场“踢皮球”戏中的表演：诸葛瑾哭诉于孔明前，孔明满口答应：“兄休忧虑，弟自有计还荆州便了。”随即，引诸葛瑾见刘备。刘备不允，孔明为表示对其兄的手足之情，竟“哭拜于地”。刘备再三不肯，“孔明只是哭求”。孔明的这一“引”、一“哭”、一“求”，把其兄索求荆州的“皮球”踢给了刘备。

刘备在孔明的哀求下，勉强答应：“看军师面，分荆州一半还之，将长沙、零陵、桂阳三郡与他。”这时，孔明作了一个小小的点拨：“既蒙见允，便可写书与云长，令交割三郡。”刘备心领神会，给关羽写了交割三郡的信，并嘱咐诸葛瑾：“子瑜到彼，须用善言求吾弟，吾弟性如烈火，吾尚惧之，切宜仔细。”

刘备与孔明一唱一和，把“球”在身边盘带了一阵，随后，刘备一脚，又踢给了关羽。诸葛瑾“随书”到了荆州，关羽阅书不买账，变色曰：“吾与吾兄桃园结义，誓共匡扶汉室。荆州本大汉疆土，岂得妄以尺寸与人！‘将在外，君命有所不受。’虽吾兄有书来，我却只不还。”关羽一大脚，把“球”踢到了九霄云外。诸葛瑾碰了一鼻子灰，只好“再往西川见孔明，孔明已自出巡去了。瑾只得再见玄德”。玄德曰：“吾弟性急，极难与合，子瑜可暂回，容吾取了东川、汉中诸郡，调云长往守之，那时方得交付荆州。”

### （三）补偿法

所谓补偿法，顾名思义是在拒绝对方的同时，给予某种补偿。这种补偿往往不是“现货”，即不是可以兑现的金钱、货物、某种利益等等，相反，可能是某种未来情况下的允诺，或者提供某种信息（不必是经过核实的、绝对可靠的信息）、某种服务（例如，产品的售后服务出现损坏或者事故的保险条款等等）。这样，如果再加上一番并非己所不为而乃不能为的苦衷，就能在拒绝了一个朋友的同时，继续保持你和他的友谊。

例如，有一个时期，市场上钢材特别紧张。有个专门经营成批钢材的公司生意非常兴隆。一天，公司经理的好朋友来找他，说急需一吨钢材，而且希望价格特别优惠，要求比市场上的批发价还低10%。公司经理因为过去的亲密友谊，实在无法毫不留情地加以拒绝，所以就巧妙地用补偿法来应对。他对朋友表示，公司经营钢材是以千吨为单位的，无法拆开一吨来给他，不过总不能让老朋友白跑一趟，所以他提议这位朋友去找一家专门经营小额钢材的公司，这家小公司与他们有业务往来，他可以和这家小公司打招呼，以最优惠的价格（毫无疑问，这一“最优惠”的含义是模糊语言，因为再优惠也不会比市场批发价低10%）卖给他一吨。这位朋友虽然遭到了拒绝，但因为得到了“补偿”，所以拿着他的条子，高高兴兴地去找那家小公司，最后以批发价买了一吨钢材。

### （四）条件法

赤裸裸地拒绝必然会恶化双方的关系。不妨在拒绝对方前，先要求对方满足你的条件：如对方能满足，则你也可以满足对方的要求；如对方不能满足，那你也无法满足对方的要求。这就是条件拒绝法。

这种条件拒绝法往往被外国银行的信贷人员用来拒绝向不合格的发放对象发放贷款。

这是一种留有余地的拒绝。银行方面的人绝不能说要求借贷的人“信誉不可靠”或“无还款能力”等等。那样既不符合银行的职业道德，也意味着断了自己的财路，因为说不定银行方面看走了眼，这些人将来飞黄腾达了呢？所以，银行方面的人总是用条件法来拒绝不合格的发放对象。

拒绝了对方，又让别人不对你发火，这就是条件法的威力所在。

### （五）幽默法

1923年，苏联国内食品短缺，苏联驻挪威全权贸易代表柯伦泰奉命与挪威商人洽购鲱鱼。当时，挪威商人十分了解苏联的情况，想借此大捞一把，开价高得出奇。柯伦泰针锋相对地还了一个极低的价格，谈判像以往一样陷入了僵局。对此，挪威人并不在乎，因为不管怎样，苏联人要吃鲱鱼，就得找他们买，是“姜太公钓鱼，愿者上钩”。而柯伦泰是拖不起也让不起，而且还非得成功不可。情急之下，终于想出了一个办法。

当再一次与挪威商人谈判时，柯伦泰十分痛快地说：“目前我们国家非常需要这些粮食。好吧，就按你们提出的价格成交。如果我们政府不批准这个价格的话，我就用自己的薪金来补偿。”

堂堂的绅士能把女士逼到这种地步吗？挪威商人们一时竟呆住了。

柯伦泰又接着说：“不过，我的薪金有限，这笔差额要分期支付，可能要一辈子。如果你们同意的话，就签约吧！”

挪威商人们被感动了，经一番商议后，他们同意按柯伦泰的出价签订协议。

柯伦泰用幽默法完成了她的前任们历尽千辛万苦也未能完成的工作。

在谈判中，如碰到不好正面拒绝或对方坚决不肯改变条件的情况，可以考虑先全盘接受，然后根据对方的条件推出一些荒谬的、不现实的结论来，从而加以否定。这种拒绝法往往具有幽默的意味。

### （六）不说理由法

有的谈判老手，当对手准备了无可辩驳的理由时，或无法在理论上与对手一争高低时，或不具备摆脱对方的条件时，他的看家本领是不说明任何理由，光说一个“不”字。

# 打破僵局的要领

僵局使谈判双方陷入一筹莫展的境地，它影响谈判效率，挫伤谈判人员的自尊心。谈判之所以陷于僵局，一般不是因为各方之间存在不可解决的矛盾，多数是由于各方基于感情、立场、原则等主观因素所致。所以，谈判者在谈判开始之后，在维护己方实际利益的前提下，应尽量避免由于一些非本质性的问题而坚持强硬的立场，以导致谈判的僵局。一旦谈判陷于僵局，谈判各方应探究原因，积极主动寻找解决的方案，切勿因一时陷于僵局而终止谈判。如何打破僵局，可采用以下一些办法：

## （一）更换话题

谈判过程中，由于某个议题引起争执，一时又无法解决，这时谈判各方为了寻求和解，可以更换一下议题，将僵持的议题暂时搁置，等其他议题解决好，再在友好的气氛中讨论、解决僵持的问题。例如，双方在价格条款上互不相让、僵持不下，可以把这一问题暂时抛在一边，洽谈交货日期、付款方式、运输、保险等条款。如果在这些问题处理上，双方都比较满意，就坚定了解决问题的信心。如果一方特别满意，很可能对价格条款做出适当让步。

## （二）调整谈判人员

当谈判僵持的双方已产生对立情绪，并不可调和时，可考虑更换谈判人员，或者请地位较高的人出面，协商谈判问题。

双方谈判人员如果互相产生成见，那么会谈就会很难继续进行下去。即使是改变谈判场所，或采取其他缓和措施，也难以从根本上解决问题。形成这种局面的主要原因，是由于在谈判中不能很好地区别对待人与问题，由对问题的分歧发展为双方个人之间的矛盾。当然，也不能忽视不同文化背景下，人们不同价值观念的影响。有时谈判的僵局系主谈人的个人因素所造成的。僵局一旦形成，主谈人的态度便不易改变，有时会滋生抵触情绪，有损谈判，此时，应考虑更换主谈人。在有些情况下，如大部分条款都已商定，却因一两个关键问题尚未解决而无法签订协议。这时，我方也可由地位较高的负责人出面谈判，表示对僵持问题的关心和重视。同时，这也是向对方施加一定的心理压力，迫使对方放弃原先较高的要求，做出一些妥协，以利协议的达成。

### （三）利用调节人

当出现了比较严重的僵局时，彼此间的感情可能都受到了伤害。因此，即使一方提出缓和建议，另一方在感情上也难以接受。在这种情况下，最好寻找一个双方都能接受的中间人作为调节人或仲裁人。

仲裁人或调节人可以起到以下作用：提出符合实际的解决办法；出面邀请对立的双方继续会谈；刺激启发双方提出有创造性的建议；不带偏见地倾听和采纳双方的意见；综合双方观点，提出妥协的方案，促进交易达成。

调节人可以是公司内的人，也可以是公司外的人。最好的仲裁者往往是和谈判双方都没有直接关系的第三者。这人一般要具有丰富的社会经验、较高的社会地位、渊博的学识和公正的品格。总之，调节人的威望越高，越能获得双方的信任，越能缓和双方的矛盾，达成谅解。

### （四）运用休会策略

谈判出现僵局，双方情绪都比较激动、紧张，会谈一时也难以继续进行。这时，提出休会是一个较好的缓和办法，东道主可征得客人的同意，宣布休会。双方停止激烈的讨论，或摆脱各自的沉默，走出谈判大厅，呼吸呼吸外面新鲜的空气。

大家都可对刚才的谈判局势提一些问题和希望，想想它是不是在朝着达成协议的方向走，或是重新考虑自己的立场，让头脑清醒一下再进入谈判。也可以召集各自谈判小组成员，集思广益，商量具体的解决办法。这些都是十分积极有用的。

一般来说，在某些情况下提出休息的建议双方都会认可，因为这不是一方有利一方有害的提议，它对双方调整思路、认清局势都十分有用。

休息策略十分讲究，恰到好处地提出可为胜利奠定基础，这也是控制谈判节奏的一个重要方面。

比如说，当难以说服对方时，不妨提个建议："我们休息以后再谈，怎么样？"对方也会欣然同意的。当谈判对己方不利，而一时找不到应对的策略，那不妨说，我们休息一下吧。然后利用休息的时间认真思考，权衡利弊，当重新回到谈判桌前时也许就会精神百倍了。当对方提出额外要求时，为堵住其口，防止他扰乱正在商定或将要达成的协议，你也可以建议："我们休息一下吧，这个问题咱们休息后再说。"这样既不伤对方面子，又摆脱了干扰。

有人认为，休息有一种消极的作用。它会破坏谈判中形成的良好气氛，影响谈判一气呵成的气势。在休息的时间内，也许对方会改变方针，意识到自己的优势，在休息之后的谈判中强硬起来。这种担心也许不是多余，但也不必过分忧心。它的关键在于要掌握休息的技巧。

### （五）改变谈判环境

即使做了很大努力，谈判僵局还是难以打破，这时可考虑改变一下谈判环境。

谈判室是正式的工作场所，容易形成一种严肃而又紧张的气氛。当双方就某一问题发生争执，各持己见，互不相让，甚至话不投机时，这种环境更容易使人产生一种压抑、沉闷的感觉。在这种情况下，可以建议暂时停止会谈或双方人员去游览、观光、出席宴会、观看文艺节目等。在轻松愉快的环境中，大家的心情自然也就放松了。更主要的是，通过游玩、休息、私下接触，双方可以进一步熟悉、了解，清除彼此间的隔阂，也可以不拘形式地就僵持的问题继续交换意见，寓严肃的讨论于轻松活泼的气氛之中。谈判桌上争论了几天无法解决的问题，在这儿也许就迎刃而解了。

### （六）寻求其他解决方案

谈判各方在坚持自己的谈判方案互不相让时谈判就会陷于僵局，此时，解决的最好办法是，放弃自己的谈判方案，共同寻求一种可以兼顾各方利益的第三种方案。20 世纪 80 年代中期，美国一家大型企业来华投资兴办合资企业，在完成技术、商务谈判的许多细节磋商后，中外双方在起草合资企业的同时，发生了严重的意见分歧。美方坚持要求在合同中写明，该合同的适用法为美国某州州法，中方代表则认为这是无视我国涉外经济法规的无理要求，坚决不予考虑，双方立场僵持不下。美方负责此项谈判的福特先生花费了大量时间、精力和费用，眼看谈判将要前功尽弃，不禁黯然神伤，多次叹道："我无路可走，精神要崩溃了，要丢饭碗了。"这时，经向一位通晓中外双方经济法的专家咨询，这位专家约请福特先生晤谈，从中了解到美方的要求是出于对当时中国保护知识产权方面法律体系不完备的担忧。因为若干年前，这家公司由于对公司生存至关重要的专有技术在向他国转让时未能受到应有保护而险些破产，因此他们在技术转让问题上就格外谨慎。对此，我们十分理解。于是，一方面我们直接与该公司总部的法律部主任联系，解释我国法制建设情况及对保护技术的积极态度；同时我们提出一个建设性方案，即在合同中明确表达：该合同适用法为中国法律，在我国现有法律个别不完备之处，再补充几个专门的保护条款，这些补充条款适用法为美国纽约州州法（因我们对美国另一州的法律知之甚少，故建议改成适用纽约州州法）。这一方案提出后，美方代表对我方的诚意十分敬佩，并很快同意我方方案，僵局随之化解。两年后合资企业已正常生产，其后几年业务不断发展，效益颇佳。1992 年，美方投资者再追加投资 2000 万美元，扩展在华业务。

1993 年，福特先生再次陪其总裁访问中国见到老朋友时，一再强调：正是由于当初谈判僵局被巧妙化解，才给其公司业务发展带来新的生机，与中国合作取得了突破性的成就，也使其自己得到了提升，他因此十分钦佩中国朋友的真诚与才华。

当然，今天我国的有关涉外经济法规已不断完善了，类似这样的僵局可能不会再发生，但当时处理僵局时所采取的实事求是的态度，创造性地提出妥协方案，对今后的谈判还是有现实指导意义的。

### （七）由各方专家单独会谈

谈判者可依据谈判僵局所涉及的专门问题，提请有关专家单独会谈。例如，涉及法律问题，可由双方律师单独会谈；涉及技术问题，可由双方工程师、技师单独会谈；同行之间会谈，可以避免不少麻烦，也容易找到共同点，有助于产生解决问题的新方案。

### （八）双方诚恳交谈

经验表明，双方推心置腹的诚恳交谈对缓和僵局也十分有效。如强调双方成功合作的重要性、双方之间的共同利益、以往合作的愉快经历、友好的交往等等，以促进对方态度的转化。在必要时，双方会谈的负责人也可以单独磋商。

当谈判内容包含多项主题时，可能有些项目已谈出结果，有些项目却始终无法达成协议。这时你可以这么鼓励对方：“看，这么多问题都已解决，现在就剩这些了。如果不一并解决的话，不是太可惜了吗？”

牵涉多项讨论主题的谈判，更要特别留意议题的重要性及优先顺序。例如，在一场包含六项议题的谈判中，有四项为重要议题，另两项则不甚重要。假设四项重要议题中已有三项获得协议，只剩下一项重要议题和两项小问题，那么为了能一举使这些议题也获得解决，你可以这么告诉对方：“四个难题已解决了三个，剩下的一个如果也能一举解决的话，其他的小问题就好办了。让我们再继续努力，好好讨论这唯一的难题吧！如果就这么放弃，大家都觉得遗憾呀！”听你这么一说，对方多半会点头，同意继续谈判。

当第四个重要议题也获得解决时，你不妨再重复一遍上述的说法，使谈判得以圆满结束。无论所使用的是哪一种方法，最重要的是要设法借着已获一致协议的事项作为跳板，以达到最后的目的。

以下是谈判遇到僵局时一些常见的解围用语：

“真遗憾，只差一步就成功了！”

“就快要达到目标了，真可惜！”

“行百里者半九十，最后的阶段是最难的啊！”

“这样做，肯定对双方都不利！”

“再这样拖下去，只怕最后结果不妙。”

“既然事已至此，懊恼也没用，我们还是再做一次努力吧！”

“我相信，无论如何，双方都不希望前功尽弃！”

# 第六章

# 步步为营，谈判终局阶段的收官技巧

# 掌握谈判成交技巧的要领

在经历准备阶段、开局阶段、磋商阶段之后，谈判的终局阶段也就到来了，这也是谈判的结束阶段。

## （一）最后让步

实践证明，谈判者的最后让步既要保持自己坚定的信誉，又要表现出愿意“迎合”对方，以取得对方的回报。

如果让步时间过早，对方会误以为这是“顺带”的小让步，从而可能得寸进尺。如果让步时间太晚（除非让步的幅度很大），对谈判的推动作用不会太大。

最后让步可分成两部分：主要让步应在最后期限之前，即在给对方有刚好足够的时间回顾和考虑的时刻做出；次要让步，如果它是十分必要的，那应成为最后的“甜头”，安排在最后时刻做出。

做出最后让步的方式应注意强调这种让步的终局性。谈判者必须向对方准确传递这一点。

## （二）成交策略（以销售谈判为例）

### 1. 密切注意成交信号

顾客的购买信号有：

语言：询问使用方法、售后服务、交货期、交货手续、支付方式、保养方法、使用注意事项、价格、新旧产品比价、竞争对手的产品及交货条件、市场评价等。

动作：频频点头、端详样品、细看说明书、向推销员方向前倾等。

表情：紧锁的双眉分开、态度更加友好、表情变得开朗、自然微笑等。

**2. 运用适当的成交方法**

（1）直接请求成交法。推销员用简明的语言，直截了当地向顾客提出成交要求。如：“王经理，不要错过这个机会，请在这里签字。”

（2）选择成交法。推销员向顾客提出若干购买方案，让顾客在其中选择。如：“王经理，您要这种型号还是那种型号？”

（3）假设成交法。推销员假设顾客已决定购买产品，然后采用一定的技巧诱导顾客同意。如：“王经理，我打电话给厂里安排马上送货。”这时，如果顾客让推销员打电话，就意味着成交了，尽管顾客没有明确提出订货。

（4）最后机会成交法。告诉顾客所剩商品不多欲购从速。如：“这是最后10件，要买请趁早。”

（5）SRO法。告诉顾客，不马上买就可能买不到了。如：“这种家具优惠20%，到周末为止，欲购从速。”“开张志喜，优惠酬宾3天。”

（6）留有余地成交法。例如，在成交关头，面对犹豫的顾客，推销员揭示推销要点，促成顾客的购买决心：“还有3年免费保修服务”等等。有的推销员不了解顾客的心理，提前将所有的推销要点及优惠措施一泄无余，这样会使推销员变主动为被动，不利于最后成交。

## （三）谈判总结

在谈判达成协议之前，有必要进行最后的回顾和总结，其主要内容是：

（1）明确是否所有的内容都已谈妥，是否还有一些未能得到解决的问题，以及这些问题的最后处理。

（2）明确所有交易条件的谈判结果是否已达到己方期望的交易结果或谈判

目标。

（3）最后的让步项目和幅度。

（4）决定采用何种特殊的结尾技巧。

（5）着手安排交易记录事宜。

这种回顾的时间和形式取决于谈判的规模。它可以安排在一天谈判结束后的20分钟休息时间里，也可以安排在一个正式的会议上。

# 谈判结果具有三种情况

## （一）谈判成交

谈判成交是指谈判各方在谈判过程中经过磋商取得一致意见，签订协议，终止谈判的结局。谈判成交，标志着谈判的成功，意味着谈判各方都是胜利者。

## （二）谈判中止

谈判中止是指谈判各方在谈判过程中，经过一再讨价还价之后，由于各种主客观原因，未能达成协议的暂时性谈判的终止。从形式上看，谈判已经结束，却存在重新谈判的可能性。

谈判中止与谈判僵局有类似之处，都具有暂时性，导致谈判中止或谈判僵局的原因消除后，重新谈判也可促成谈判成交，反之则会转化为谈判破裂。

## （三）谈判破裂

谈判破裂是指谈判各方进入谈判之后，由于种种原因未能达成协议，最终结束谈判。谈判破裂是经常发生的，会给各方的物质、精力等造成损害。谈判者应尽力避免谈判破裂，同时也不能因为恐惧失败而不敢谈判或放弃谈判。问题在于如何防止谈判破裂，这就需要对谈判中可能导致破裂的各种因素做好充分的分析和预测，以找到防范的措施。

# 谈判中要十分重视合同的签订及履行

合同是平等主体的自然人、法人与其他组织之间设立、变更、终止民事权利义务关系的协议。商务合同运作是商务谈判很重要的一环，在谈判中应十分重视合同的签订及履行。

## （一）合同文本的起草

当谈判双方就交易的主要条款达成一致后，就进入合同签约阶段，自然就提出了由谁起草合同文本的问题。一般而言，由谁起草，谁就掌握主动。因为口头上商议的东西要形成文字，还有一个过程，有时仅一字之差，意思就有很大区别。起草一方的主动性在于可以根据双方协商的内容，认真考虑写入合同中的每一条款，而对方则毫无思想准备，有些时候即使认真审议了合同中的各项条款，但由于文化上的差异，对措辞的理解也会不同，难以发现于己不利之处。所以，在谈判中，应尽量争取起草合同文本，如果做不到这一点，也要与对方共同起草合同文本。一些涉外谈判，往往是由外商一开始就提出一份完整的合同文本，然后按照合同文本的内容讨论每项条款。这种做法会使我方在谈判中处于极端被动的地位，一方面由于思想准备不足，容易让对方塞进一些对我不利的条款或遗漏一些对方必须承担义务的条款；另一方面，按一方事先拟好的合同文本进行谈判，极大地限制了我方谈判策略和技巧的发挥，并且很难对合同进行较大的修改或补充，甚至有的只能在对方的合同上签字。

另外，如果用外文文本作基础，对我方也有诸多不利，不仅要在翻译内容上反复推敲，弄清外文的基本含义，还要考虑法律上的意义，一些约定俗成的用法，包括外文的一词多义，弄不好就会造成麻烦，出现意想不到的问题。因此，在谈判中，我方应争取拟就合同谈判的草稿。在此基础上进行谈判，形势就会有利于我方。

要起草合同的文本，需要做许多工作，这可以同谈判的准备工作结合起来阐述。例如，在拟定谈判计划时，所确定的谈判要点，实际上就是合同的主要条款。起草合同文本，不仅要提出双方协商的合同条款，以及双方应承担的义务，而且我方还要对所提出的条款进行全面细致的讨论和研究，明确哪些条款不能让步，哪些条款可做适当让步、让步到什么程度。这样，当双方就合同的草稿进行实质性谈判时，我们就掌握了主动权。

### （二）明确合同双方当事人的签约资格

合同是具有法律效力的法律文件。因此，要求签订合同的双方都必须具有签约资格。否则，即使签订了合同，也是无效的合同。因此，签约时应调查对方的资信情况。首先，可以通过有关机关和银行等单位进行了解，确定对方的主体资格；其次，应要求对方出示有关法律文件，证明其合法资格，如执照等。一般来说，重要的谈判，签约人应是董事长或总经理。有时，虽是具体业务谈判，签约的不是上述人员，但也要检查签约人的资格。如了解对方提交的法人开具的正式书面授权证明，常见的有授权书、委托书等。了解对方的合法身份和权限范围，以保证合同的合法性和有效性。

审查对方当事人的签约资格，一定要严肃认真，切不可草率从事。在与外商谈判时，由于盲目轻信对方，草率签订合同，以致吃亏受骗的现象屡有发生。有些单位为了急于引进、输出，仅凭熟人介绍，不进行任何信资调查，就签订数额巨大的合同，结果给企业和国家造成重大损失。所以，进行资信调查，了解对方的企业信誉及其行为能力和责任能力是十分重要的。此外，不要轻信对方的名片，名片不能代替证书，有的人名片头衔很大，实际上是空的。还有，与外国公司打交道，不要只看母公司的信誉和资产情况，实际上母公司对子公司是不负连带责任的。

### （三）认真审查合同条款

有些签约人不仅在身份上有可能进行欺诈，还有可能在合同中故意设置陷阱，进行诈骗。所以，在最后审查合同时，应结合谈判原始文件，看是否有遗漏、不一致、相抵触或未真实确认谈判原意之处，并且要审查合同的文字，看它是否准确明了地表达了意思。对那些重要项目谈判所签订的合同，不仅谈判人员应反复审查，还应交由法律、语言等相关专家从各个角度严格把关。

此外，还应对合同的合法性进行审查。首先，此次谈判活动是否完备；其次，合同的内容是否合法，有无与法律、法规或国际惯例相悖之处。

许多合同只规定双方交易的主要条款，却忽略了双方各自应尽的责任和义务，特别是违约应承担的责任。这样，无形中等于为双方解除了应负的责任，架空了合同或削减了合同的约束力。还有一种情况是，有些合同条款写得十分含糊笼统，即使规定了双方的责任、义务，但如果合同条款不明确，也无法追究违约者的责任。例如，我国南方某城市与港商签订了一个出售矿渣的合同。合同中只明确港商可以每天拉一车，时间一个月。由于没有明确提货车的型号，结果对方拉货的车越来越大，我方明知吃亏，却也无可奈何。

合同文字如果含糊不清、模棱两可，在执行过程中往往争议、扯皮不断，甚至遗祸无穷。例如，某一合同中有这样一条：“合同生效后不得超过 45 天，乙方应向甲方缴纳 ×× 万美元的履约保证金。……如超过两个月未能如期缴纳，则合同自动失效。”这里“两个月”究竟从哪一天开始算起，是合同生效之日起，还是合同生效 45 天以后算起，写得不明确。

此外，对合同中的一些关键词句，一定要认真推敲，不能含糊迁就，有时仅一字之差，却可能“失之千里”。例如，福建某企业在与外商谈判合同履行保证书时，外商要求写上“在发生受方取损失补偿时，要先取得供方认可”。为保留或取消“认可”两字，双方展开了辩论，僵持了两天，最后我方以理服人使外商放弃了“认可”要求。因为，如果我方同意保留“认可”这一条，则供方银行的

《履约保证书》就失去了任何意义。如供方不认可，出具《履约保证书》的银行就可以不受理受方索赔的要求。《履约保证书》只不过是一纸空文，成了骗取信任的一种形式。

合同条款太笼统也不利于合同的履行。例如，某化肥厂从日本引进一套化肥设备，合同有这样一条："某管线采用不锈钢材料。"没有具体指明管线应包括阀门、弯管、接头等。结果，在合同履行中，日方认为管线只指管子，我方则认为包括其他，但由于合同没能写明，也无从交涉，干吃哑巴亏。

同时，也应注意合同中的条款不能重复，更不能出现前后矛盾。例如，我一企业与外商签订了一份合同，在价格条款中有这样一条规定："上述价格包括卖方装到船舱的一切费用。"而在交货条款中却又出现了这样的规定："买方负担装船费用的1/2,凭卖方费用单据支付。"这种前后矛盾的现象,最容易被人钻空子。

### （四）争取在我方所在地举行合同的缔约或签字仪式

比较重要的谈判，双方达成协议后，举行的合同缔约或签字仪式，应尽量争取在我方举行。因为签约地点往往决定采用哪国法律解决合同中的纠纷问题。根据国际法的一般原则，如果合同中对出现纠纷采用哪国法律未作具体规定，一旦发生争执，法院或仲裁庭就可以根据合同缔结地国家的法律来作出判决或仲裁。

# 合同履行中的注意事项

合同生效后，还会遇到各种情况，冲击合同的效力，影响合同的履行。谈判者应根据具体情况，采取不同的解决办法。

## （一）合同的解除

合同的解除一般可以分为两种情况：

### 1. 对方解除合同

在此情况下，首先，要了解对方解除合同的原因以确定此行为是否合理；其次，如对方解除合同的理由是因为己方违约所致，则应采取补救措施；第三，如解约是不可抗力所致，则可变更合同；最后，如系对方无理解约，则可通过协商或诉讼进行解决。

### 2. 己方解除合同

己方解除合同必须坚持有理、有据的原则，并用书面形式及时通知对方，说明理由。

## （二）履行挫折

在合同的履行过程中，常常会遇到各种干扰或挫折。造成此情况的主要原因有两点：一是由于客观方面发生变化；二是由于主观方面的原因。如果履行挫折是由于第一方面的原因所致，当事人应再次谈判，实事求是地面对新情况，解决新问题，达成新协议。如是由于第二方面的原因所致，谈判解决不成，只有根据合同中争议解决条款来解决。

### （三）经济索赔

谈判签约的目的在于全面、正确地履行合同，以实现各自的利益，但在实际经济生活中常有违约情况发生。发生此情况，需要进行索赔时，当事人应先明确责任，提出相关索赔凭据，确定索赔范围和金额，制定索赔方案。索赔方式有：协商、调解、仲裁或司法解决等。

# 第七章

# 真亦假来假亦真，洞悉对手的真实情报

# 诈出对手的真实情报，让谈判更加得心应手

兵不厌诈，要想取得谈判的胜利，“不择手段”也是非常必要的。谈判双方都有各自的利益和底线，只要不违背大原则，诈术还是可以使用的。

阿里森是美国一家电器公司的推销员。一次，他到一家公司去推销电机。这家公司前不久刚从阿里森手中买过电机，由于使用不当，电机的温度超过了正常的发热指标，所以，这家公司的总工程师一看到他就不客气地说：“阿里森，你不想让我多买你的电机吗？”阿里森在仔细地了解了情况之后，发现总工程师的说法是不正确的，但他没有强行辩解，而是决定以理服人，让客户自己改变态度。于是他微笑着对这位总工程师说：“好吧，斯宾塞先生，我的意见和你的一样，如果那电机发热过高，别说再买，就是已买的也要退货，是吗？”

“是的！”总工程师作了肯定的回答。

“当然，电机是会发热的。但是，你当然不希望它的温度超过了全国电工协会规定的标准，是吗？”对方又一次地作出了肯定的回答。

在得到了两个肯定回答之后，阿里森开始讨论实质性的问题了。他问斯宾塞：“按标准，电机的温度可比室温高72F，是吗？”“是的，”斯宾塞说，“但是你们的电机却比这个指标高出许多，简直让人无法用手摸。难道这不是事实吗？”阿里森没有回答这个问题，而是反问道：“贵公司车间的温度是多少？”斯宾塞想了一下，说：“大约是75F。”阿里森听了，点点头，恍然大悟地说：“这就对了，车间的温度是75F，加上应有的72F，一共是140F左右。请问，要是你把手放进140F的热水里，会不会把手烫伤呢？”对方不情愿地点点头。阿里森趁热打铁地说：

“那么，你以后就不要用手去摸电机了。放心，那热度是正常的。”

就这样，阿里森提出了一系列的问题，使对方在一连串的“是”的回答中，不知不觉地否定了自己原来的观点，消除了疑虑。最后，阿里森在这场谈判中不仅取得了成功，而且还顺带做成了一笔生意。

美国开凿巴拿马运河的初期谈判，其谈判谋略也是典型的“请君入瓮”，而且谈判双方都是如此。

谈判的一方是美国，另一方是法国巴拿马运河公司。谈判的焦点问题是美国应该付给这家法国公司多少钱才能取得开凿巴拿马运河的权利。这家法国公司虽然已开凿失败，但它在巴拿马运河却拥有一笔数量可观的资产，其中包括：30000 英亩土地，巴拿马铁路，2000 幢建筑物，大量的机械设备，医院等等。法国人估价 1 亿多美元。他们开价 1.4 亿美元。而美国人的开价仅仅 2000 万美元，二者相距甚远，经过双方磋商，分别让步到 1 亿和 3000 万美元，但谈判到此就停了下来。

美国人的战略是声称另找一块地方挖运河，他们选中了尼加拉瓜，美国众议院宣布准备考虑支持开凿尼加拉瓜运河。精明的法国人摸透了对方想要一条运河来沟通两大洋的迫切心理，而且也料到了美国会用尼加拉瓜运河来与巴拿马竞争，于是他们也要了一个花招，暗示法国亦同时与英国和俄国人谈判，以通过英俄的贷款继续运河的开凿。

双方相持不下。

不久，法国人获得了一份美国有关委员会给总统的秘密报告，报告真诚地赞美了巴拿马运河的优越性，然而提出购买的费用过高，不如实施尼加拉瓜方案。这份情报让法国人的信心动摇了，他们忧心忡忡地卷入了竞争。正所谓“祸不单行，福不双至”。不久，法国内部又爆发了一场危机，巴黎公司的总经理辞职不干，股东大会乱作一团。卖给美国人吧，什么价钱都可以接受！于是一夜之间，法国的报价骤跌至 4000 万美元，大大落入了美国实际可接受的范围。

从以上两则谈判案例我们不难看出，谈判者谋略的出发点在于巧布迷阵，借以给对手指示某种虚假的动向或暗示的信息，使之具有一定的诱惑力，其目的就在于搜索到对方更多有价值的信息，从而掌握谈判的主动权，达到“请君入瓮”的目的。

在商务谈判中，谈判者也常常运用这种巧布迷阵的策略，放置各种烟幕弹，干扰对方视线，诱使对方步入迷阵，从而从中获利。但设置迷阵，贵在一个“巧”字，谈判者应善于借助一个恰当的形式或局面来制造声势，并能顺理成章，不着痕迹。如果一个谈判者善于将对手引入自己设置的迷宫，这样谈判的主动权就掌握在自己的手中了。

在商务谈判中，设置各种迷阵并不少见。为了避免自己陷入对手的迷阵中，谈判者应从心理上和措施上加以防范，不可不假思索地相信那些轻易获取的信息。谈判桌上的对手大都是一些精明强干的人，他们丢三落四或故弄玄虚，我们就应警觉。许多信息看起来似乎是机密的，其实不过是将你引入歧路的诱饵。为此，谈判者要始终具有清醒、冷静的头脑，防止谈判对手迷阵得手。

# 谈判中驳倒对手诡辩的具体方法和对策

诡辩形式形形色色。在论题方面，常常表现为偷换概念，转移论题；在论据方面，又常常表现为诉诸权威，预期理由，以偏概全，类比不当，等等。下文将对商务谈判中常常出现的几种典型的诡辩术表现形式进行分析，并提出驳倒诡辩的具体方法和对策。

## （一）以现象代本质

所谓以现象代本质的诡辩术，实际上就是故意掩盖事实真相而强调问题的表现形式并虚张无关紧要的利害关系的一种论证方法。狡诈的商人往往借用此种方法达到了掠取暴利的目的。在商务谈判中，我们只要坚持辩证思维的客观性、具体性的原则，就能识破对方摆出的迷魂阵，从而把握事务的本质，使谈判循着客观公正的方向进行。

20 世纪 80 年代初期，我国某科研机构准备购进 4000 万次 / 秒大型计算机 10 台，并与日本某公司正式接触洽谈。在第一轮谈判中，日方报价每台 115 万美元，我方根据掌握的同类产品的国际行情（112 万美元），要求对方就此报价作出解释并压低价格。第二轮谈判开始，日方同意将计算机单价压至 110 万美元，并且论证：“我方从为中国建设四个现代化和与贵方建立持久的友好贸易关系考虑，决定每台让利 5 万美元。我们很尊重贵方的意见，并且不惜工本，将价格将到了不能再降的地步。诸君可以接受这个价格了。”此后，日方闭口不谈上述报价的形式基础，而将谈判纠缠在一个议题之中，即日方已考虑顺应了我方的要求，对产品进行了大幅度的降价，如我方再不接受，那么谈判就无法取得圆满结果。围绕着已经降价这一现象，日方代表大肆鼓舌，千方百计迫使我方动摇进一步谈判的决心。

此时，我方代表如果贸然接受日方的价格方案，那么对方将于其中获得丰厚的利润，谈判对于我方就是某种意义上的失败；如果被对方的思路牵着鼻子走，我方代表只是觉得降价的幅度尚不足以让人接受，但又提不出令人信服的充分理由，那么固执己见则有可能导致谈判破裂，我方更不能达到自己的目的。如何对付这种貌似正确的诡辩呢？我们必须在全面掌握客观情况的基础上应用辩证思维的基本方法，以具体性的原则透过现象抓住事物的本质。我方代表须明确指明：第一，就同类产品来看，欧美市场的零售价格约是每台 112 万美元。因此，日方提出的 110 万美元的单价，并非是“让利”5 万美元；第二，我方一次就需购买计算机 10 台，这种大宗生意即使在欧美市场对方也是以优惠价供货的；第三，日本计算机研制技术在世界上居领先地位，技术进步的直接后果便是生产成本的下降。并且，由于日本工人工资大大低于欧美国家人均工资，劳动力价格的低廉必将导致产品价格进一步降低；第四，据我方对日本一般市场行情的调查表明，4000 万次 / 秒的计算机单价 110 万美元并不属于优惠价。做出如上具体的分析和论证后，一般来说，日方谈判人员不再可能坚持最低限价为每台 110 万美元的谈判立场了。

### （二）以相对为绝对

这是一种故意混淆相对判断与绝对判断的界线，并以前者代替后者，以扼制、压倒对方谈判人员的论证方式。为了促使对方接受某个立场，经验老到的谈判人员往往运用此种方法控制对手，进而掌握住谈判发展的进程。这尽管不公道，但都很见成效。因此，在商务谈判中，业务人员只有了解此种诡辩术的特点和表现形式，才能迅速识破其本质，使己方的谈判过程中立于不败之地。

进入 20 世纪 80 年代以来，我国人民的消费观念和家庭的消费结构发生了很大变化，各种现代化的家用电器由“奢侈品”成为了生活必需品。国家为了从根本上改变彩电长期以来依赖进口的不利局面，决定引进彩电生产流水线。在与外商洽谈时，我方代表要求对方提供最先进的彩电生产技术和设备。外商积极响应了这一提议，但同时提出：“既然我方提供的是最先进的技术设备，那么，贵方就须相应付出最高的价格。”高技术需要高价格，这是顺理成章的逻辑推理，此时，我方谈判人员该如何摆脱在谈判中的被动局面呢？

实际上，造成上述局面的责任首先在于我方。我方谈判人员忽略了技术设备的具体发展性，从一开始就提出一个抽象的“最先进”的概念，外商正好乘虚而入，将计就计地要求提高价格。在意识到这种失误以后，我方代表在以后的谈判中就应尽快走出这个自我设定的巢穴。而从被动走向主动，具体实现则需要通过分析相对与绝对辩证关系这一途径。首先，要尽量指出对方论点的不足之处，证明对方提供的并非是最新的技术与设备。20 世纪 80 年代中期前后，彩电技术发展日新月异；从质上来分析，平面直角彩电已开始在市场上出现，高清晰度电视也基本解决了技术上的难题而进入试制阶段，因此，对方准备提供的 20 英寸立式彩电生产线并非是所谓的最新设备（有时，对方明知道有更新的技术即将问世，一般也不会透露消息。此时，掌握全面的技术信息就显得十分重要了）；其次，从发展的角度分析，即使对方现在提供的是最新的彩电生产技术和设备，但整条生产线从引进安装到输出产品，需要 2 ~ 3 年时间，对方未必能保证到时彩电生产线仍是最先进的技术和设备；再次，基于上述原因，我方的引进决策承担着较大的风险，庞大的资金投入未必就能取得预期的效益。指出了这些客观因素，就能分析出对方绝对判断中包含的相对性，从而迫使对方在价格上做出让步。

当然，以相对为绝对的诡辩术还包含其他的方式，例如将相对降价说成绝对降价即为较典型的一种。上例中我方如在开拍时采用招标的方法来确定引进目标，假使有 ABCD 四国公司投标，A 公司代表在阐述己方条件时指出：“我方实际组线能力最强，因为我们不仅可提供 20 英寸的彩电生产流水线，还有其他型号的生产线——如 24 英寸、21 英寸平面直角等等——可供选择，因此，相对于其他投标公司，我方报价实际下降了若干。”对会这种论证方法完全可以一针见血：我方生产大纲要求引进的只是 20 英寸彩电生产线，其他型号此次招标不予考虑，因此，贵公司提出的价格优惠是不存在的，我们只能在上述特定前提下，比较各公司生产线技术设备的先进程度和价格的优惠程度，才能确定哪个公司中标。如此，对方的诡辩招数和虚假论证就不攻自破了。

总之，在商务谈判中，只要坚持辩证思维的具体性和历史性原则，细致分析谈判对手论点、条件中的绝对因素和可变性，就能戳破以相对为绝对的诡辩术，从而保证公正法则在贸易过程中得以循行。

### （三）以偶然为必然

这是一种故意将某事物发展中发生的偶然事件（或偶然性）作为不可避免的趋势，从而推及其他事物与过程，并将其作为敲诈对方的条件或作为己方回码条件的推理方法。由于商务谈判涉及的对象、环境、条件的可变异性，诡辩论者往往从大量偶然性中拾取其一并任意发挥，以求为己方谋取最大的利益。

某纺织厂 1989 年初与某原料供应基地初步商定于当年夏季购进 100 吨初级麻，在签订经济合同时，由于生产厂家产品暂处滞销状态，故要求卖方延期半年交货。供货单位同意这一提议，但认为须相应改动合同中的价格条款。理由是：1988 年我国物价上升指数为 20 个百分点，货物顺延半年交货，则原料价格也应上涨 20%。对卖方的这种涨价要求，买方如何，答复呢？

坚持分析事物的客观性与具体性，是驳斥上述建立在偶然为必然诡辩术基础上的涨价论的根本方法。买方应向对方阐明如下观点：其一，1988 年通货膨胀率并不能说明 1989 年的通货膨胀率，因此，对方以此为基础的涨价要求是没有客观依据的。其二，由于国内消费市场处于疲软状态，麻制产品也出现滞销现象，以发展的眼光来看，生产厂家不景气的直接后果必然使原料供应处于饱和状态，而原料一旦供过于求，则其降价势在必行；其三，如对方一定坚持上浮价格，那么条款中应作如此规定：至交货之日，如果国内生产麻原料价格上涨，则买方相应补足其差价部分，反之价格相应下降。价格上浮与下降的幅度，以半年后国内市场此类商品浮动的实际程度为准。买方在做出这种具体分析以后，卖方就无法再行坚持涨价 20% 的要求了。

### （四）平行论证

平行论证亦是一种在洽谈中使用较多并每每奏效的诡辩术，西方的谈判术语又称其为“双行道战术”。实际上，平行论证是一种“偷梁换柱”或“避实就虚”的辩术，它往往通过转移论题的方式来消除己方的不利因素或掩盖自身谈判条件的弱点，以达到压服对方牟取私利的目的。在谈判过程中，当一方论证他方的某个弱点时，他方则虚晃一枪另辟战场，抓住你的另一个缺陷开战（有时，他方也可能故意提出新的论题大做文章）。这种论战形式，即为“平行论证”。平行论证的结果是混淆了事物的因素关系，扰乱对方谈判人员的思维方式，从而使谈判失去确定的方向。因此，任何谈判人员对此都不能掉以轻心。

下面举两个非常典型的例证。

例一：

某甲自行车厂准备与某乙自行车厂联营生产某种型号的自行车，甲方负责厂房、设备、资金与工人的安排等事宜，乙方则向甲方提供生产指导、技术培训并转让商标的使用权。洽谈时，甲方就技术指导培训的具体问题（如对方将派出多少以及哪一等级的技工人员，通过何种途径传授技术并使本厂人员提高到何种程度等等），要求对方作出较为明确的答复，但乙方却回避上述问题，而大谈联营后产品利润的分成问题，要求对方拿出具体的分成方案进行讨论。

例二：

某甲向某乙销售某型号精密机床，谈判开始后，卖方马上提出了报价，买方要求对方解释报价形成的构成因素和基础。对此要求卖方充耳不闻（主要怕过早泄露信息），而扬言对买方的供货性能要求不甚了解，不好作“最终报价”，目前报价的可变因素甚多，最好对方确切说明了供货数量与性能要求，并提出可接受的价格，而后己方才能最终报价，云云。

如何认清这种似乎有理的诡辩术并使谈判继续进行呢？我们不妨对其加以具体分析。在例一中，甲方代表采用的是一种避实就虚的招数。甲方之所以要与乙方联营，最关键的是缺少高超的生产技术，否则，联营就失去了基础。因此，甲方要向乙方说明，只有在确定了乙方所能提供的技术指导和培训的范围及其程度之后，才能进一步商谈产品利润的分配等其他事宜，前一个问题不清楚，后面的问题就无从解决。从例二中，如果买方被纠缠到供货数量与性能要求中去，并明确乙方可接受的价格，那么在谈判中无疑就陷入被动挨打的境地。此时，买方摆脱对方纠缠的最好办法是要求对方谈判人员回到逻辑推理的起点：贵方提出了目前的报价，所以我方要求解释这种报价的形成基础，如果贵方不讲清“目前的报价”，我方则无法提出供货的具体意见，最终报价也就无法形成。所以，贵方对我方的要求是不妥和缺乏前提条件的。做出了上述论证后，对方若希望谈判成功，就不好再固执已见了。由此可见，只要坚持以具体性、客观性法则去分析平行论题的内在因果联系，就能使平行论证的诡辩术失去招架之力。

### （五）滥用折中

滥用折中是谈判人员面对两种差距极大或根本对立的观点，不作任何客观具体的分析，而用“和稀泥”的方式从抽象的概念上折中二者的诡辩手法。

某货物卖方要价 200 元，买方提出用 100 元购买，买卖双方的价格分歧是 100 元。卖方提出各让 50 元，表面上看来公平合理，实质上却缺乏任何具体的分析。比如，此物的实际市场流通价只是 100 元，折中成 150 元，买主岂不活活被卖方硬性诈去 50 元？假使双方成交的是大批的生意，那么其后果对买方来说将是灾难性的。因此，建立在公平原则上的贸易关系，应以客观性为基础，一方必须允许对方再行讨价还价，直至货物价格接近于市场同类产品的合理价格为止。

如果贸易双方的分歧不是表现在产品的价格上而是在合同的条文上，则滥用折中的危害性更大。合同条款的分歧一旦发生在某些原则上（如条文与法律规定的抵触），则有问题的一方应主动地加以全面纠正，其间不存在折中变通的做法。

当然，在很多时候，谈判双方为了促使贸易关系的尽快形成，针对双方的分歧，各自做出某种让步，对彼此都是有益的，也是必要的。因为这种贸易的结果是双方都能于其中得到利益。但建立在诡辩术基础上的滥用折中，却只能严重损害他方的利益，它既无法体现出商务谈判所应遵循的公平合理的原则，也不可能成为双方宽容和解精神的象征。

总之，商务谈判中，诡辩术的表现形式是多种多样的，任何谈判人员对此都应有清醒的认识。从根本上来说，对付玩弄诡辩伎俩者的最佳方法，是掌握好辩证逻辑的思维方式，以客观性、具体性、历史性三原则认清其诡辩本质并加以正确地处理。

好口才在很多情况下表现出的就是诡辩。

谈判中经常出现的情况是双方固执地站在自己的立场上互不让步。立场是具体的、明确的，是谈判者为了达到他心目中的目的或利益而做出的行动的准则。然后，谈判中的基本问题却不是双方立场的冲突，而是双方需求、欲望、关切和恐惧的冲突。利益是立场争执后面默默的推动者，立场使你做出的某种决定，而促使你做出这种决定的则是利益。

所以，处理谈判对立的明智之举是调和双方的利益而不是调和双方的立场。因为，任何一种利益一般都有多种可以满足的方式。人们往往轻而易举地采取某种最明显的立场，而当双方越过立场，去寻找促使坚持这种立场的利益时，往往就能找到既符合这一方利益，又符合另一方利益的替代性立场。进一步讲，在对立立场背后所存在的共同性利益，常常大于冲突性利益，双方都满意的第三条道路是可以找到的。

不管你多么了解对方的利益，不管你契合双方利益的方式有多么巧妙，不管你多么重视对方的关系，你永远会面对双方利益冲突的冷酷事实。并非嘴上说着“你我都赢”，就能消除这一事实。

这时，依据意志力的较量来做决定必将得不偿失，相反运用客观标准可以融洽而明智地达成协议。

## 以静制动，失其锐气，后发制人

美国著名报人兼作家吉莉·古柏在谈到其成功之道时说：“唯一的原则就是尽量表现得绝望无助，以得到别人的帮助。”可见后发制人的重要意义。

后先发制人可以使你变强，帮你战胜强者。日本航空界的三位绅士曾用此法，击败了美国一家企业一大帮精明强干的人。

谈判伊始，美国公司的谈判人员开始介绍本公司的产品。他们利用了图表、图案、报表，并用三个幻灯放映机将其打在屏幕上。图文并茂，持之有据，来表示他们的开价合情合理，品质优良。这一推销性的介绍过程整整持续了两个半小时。在这过程中，三位日本商人一直安静地坐在谈判桌旁，一言不发。介绍结束了，美国方面的一位主管充满期待和自负地打开了房里的灯，转身望着那三位不为所动的日本人说：“你们认为如何？”有位日本人礼貌地笑笑，回答说：“我们不明白。”

那位主管的脸顿时失去了血色，“你们不明白？这是什么意思？你们不明白什么？”

另一个日本人也礼貌地笑笑，回答道：“这一切。”

那位主管的心脏几乎要停止跳动了，他问：“从什么时候开始？”

那位主管倚墙而立，松开了昂贵的领带，气馁地呻吟道：“那么……你们希望我们怎么办？”

三个日本人一齐回答：“你们可以重放一次吗？”

结果，美国公司士气被挫，要价被压到了最低。

在人们惯常的思维里，好像谈判中只有处处表现优势，才能压倒对方，左右局面，最后取得成功。实际上，此言差矣。如果遇上了一个强于你的对手，向他适当示弱，或许是你制胜的法宝。无知不是福气，但在谈判中，无知有时是个可供选择的手段。三位精明的日本人在不可一世的美国人面前展现了无知，以漠然对待自傲自负，迫使对方也安静下来，从而占据了有利的地位，最终获得了成功。这种出奇制胜的原因何在？以静制动，失其锐气，后发制人。

# 虚张声势在谈判中运用技巧

俗话说“物以稀为贵”，越是少的东西人们就越会觉得它珍贵，这是人们的普遍心理。在商业谈判中，利用这一心理特征，故意制造一些紧张气氛，往往会轻而易举地达到预期目的。

一家印刷厂的厂主想卖掉他的工厂，以便腾出精力经营他的娱乐生意。这家印刷厂只能印一些广告之类的图案设计、标志及文字等，几乎没有利润，规模很小。

广告登出后，引来了许多认购者，但真正有兴趣的却不多，多数人只是来凑热闹。其中有一个购买者，态度显得比其他人更明朗，尽管他看上去不大叫人喜欢，因为他提出了各种要求。而他与那些只来看看并不表态的人相比，厂主却认为他的买卖容易成交。厂主认为提出要求的人对购买厂子有兴趣，于是他请这位先生写下要求，想以此迫使那些还没有表态的人确定他们的态度。厂主拿着那位对购买印刷厂有兴趣的先生写的所谓要求，找到另一家似乎也有购买兴趣的公司谈这笔买卖。

厂主发现，要使这家公司当即表态做决定很难，因为对方推说他们经理的工作已经满负荷了，不太可能腾出手来经营这个印刷厂。厂主意识到，如果他花时间等待对方作决定就会在对方面前削弱自己的地位，一旦对方没有进一步的动静，自己再找上门去催促，自己就会更加被动。

于是，厂主找了个机会与这个公司的几位头面人物洽谈了一次，提出他特别愿意把工厂卖给他们的最重要原因是，这样做能保证雇员们的连续性，当然还有别的种种原因。他还向他们声称，他不喜欢那位愿意出另一个价格的人。

“还有另一个价钱么？”对方对他的话产生了兴趣，这样问他。厂主就给他们看了那位愿意掏钱的买主的信。

事情发生了戏剧性的变化，对方看了信后，发现这笔生意竟然还存在着另一个竞争买主，有人竞争的东西，肯定是好东西嘛。这个大厂主决定不放过这个机会，马上拍板成交。厂主如愿以偿卖掉了印刷厂，得到了他想得到的钱。

还有个例子是这样的。

有个机器销售商 K 君，常把虚张声势吓唬对方的狡猾方法使用在谈判桌上。他明明不知道的事，却常常装着早已了如指掌，等对方发现他的底牌时为时已晚。

当有人问他说：“我从别的厂商那儿听到一个消息，不知道你是否知道。”

他总是这样回答：“这早已经不是新闻了。”其实此事他还没听说过。

假如对方问：“究竟是什么事呢？”他就会这样说：“现在还很难说，如果贵公司愿意和敝公司站在同一阵线的话，我们会随时将最新消息告诉贵公司。”他还可能更进一步说：“贵公司听到的是什么呢？有没有更进一步的消息呢？”试探着打听对方得来的消息。这位推销商在降价动作上更是别出心裁。比如他心底的期望价是 90 元，开价 100 元，对方必然会要求降价。虽然他最后答应了 90 元的价格，但他不是一元一元地慢慢往下降，而是连续表示：“不降，一角钱都不能降。”到最后关头看准时机，一次降 10 元。

他认为一次降一元，这是把对方的满足感一点一点地削去，等降到 90 元时，对方满足感已荡然无存。此时就算你已经降至 90 元，对手还是不怎么满意。

与此相反，每次交涉都坚决拒绝后，对手定会显得焦躁不已，当此时一口气满足对方需求，让对方感到有面子，其满足感定会相对升高几倍。

谈判双方的利弊得失不应该是一百比零，否则是强求而不是交易。当然也不是五十比五十的结局，谈判应是一方退一尺另一方进一尺。

高明的谈判者必定是让对手获得五十分的满足感，同时自己却得到六十或七十分利益。那种想赢对方一百分的谈判者，并没有赢到一百分，对方没有利益或得不到优惠，你就不可能赢得稳定的客户更不可能赢得长远的生意。

我们再看这样一个例子：S 君把自己的小商店卖给大商店老板 Y，经过唇枪舌剑的长时间谈判，双方在价格上还是未能达成一致。

Y 老板说：“我出的价不能高于 1500 万元。”

S 君道：“我一再跟您讲了，我要价 2000 万元，少一分也不干。现在让我们把这交易都忘了算了。”他宣布谈判结束，只不过是虚张声势的初始阶段，目的在于迫使 Y 老板提高出价。

“真遗憾，S 先生，我们实在谈不到一块儿。如果你改变了主意，请再通知我吧。”Y 老板针锋相对地把 S 君的虚张声势顶了回去，目的在于察看对方是否有意继续谈判。事实是，他是可以出价 2000 万元的，但此时还没到露底时机。

“您就当咱们没谈过好了，我真的无法再让价了。”S 君是真想把小商店卖出去，也知道 Y 老板想买它，为此决定一走了之，看会发生什么。

两周后 Y 老板通知 S 君，同意他的 2000 万元的售价。

S 先生的期待之所以能够实现，贵在他的虚张声势受到对手挑战后，仍能坚持立场，死要“面子”。也就是说 S 君终于获得成功是在于 Y 老板不听他这一套后，他有抬腿就走的勇气。

但他这一招的风险不小，因为极有可能得不到他的要价，如果 Y 老板不信这个邪，那就得承担失败的后果。

虚张声势在谈判中运用得当能增加自己的“气势”，在一定时候使自己处于有利地位，但此招却不能尝用，因为一旦被对方识破，那么结局是可想而知的。

## 非此即彼，限制对手选择范围让他别无选择

我们在说服到人的时候，往往会采取一种非此即彼的策略，这种策略有时会取得奇效。

坂田是日本某棒球俱乐部的老板。棒球在日本是一项热门运动，一些王牌选手的名气之大，身价之高，都超出常人的想象。

每年的岁末，一些职业棒球选手就纷纷向所属球队谈论明年的调薪问题。因为在年度的交替期间，如果不将待遇问题谈妥的话，到第二年就会是件麻烦事。

在调薪的谈判会议上，那些百战百胜的王牌选手，往往一口气就要求将年薪调高一倍，达1亿日元。这时如果球队老板回绝王牌选手的要求，就可能失去他，从而使球队的实力大打折扣；如果答应他，大把大把的票子就流进了人家的口袋。

好言好语地请求王牌选手通融一下，又怎么样呢？如果老板这么说：“以你的身价，当然值1亿日元，不过，鉴于球队的资金状况，希望你能接受8000万日元。”这时候，王牌选手肯定会一口回绝，他们才不管你资金状况如何呢，你请不起，自有人请得起。

坂田是位谈判高手，深通心理操纵术，在和球员谈判时，总是无往而不利。有一次，球队的王牌投手抱怨工资太低，要求他加到1亿日元，而且态度非常坚决。坂田笑嘻嘻地说：“以你的实力，要求一亿日元并不高，是很合理的价钱，但是我们球队原来只能付7000万日元，不过我想8000万日元还是值得考虑的，也许这件事情你我都应该好好地想想看。”

王牌选手不满地说：“你的意思是说，只肯付我8000万日元？”

坂田说："不，我只是说8000万日元还有商量的余地，不过，如果是7000万日元，我可以马上和你签约！怎么样，我们是不是彼此都考虑一下？"

王牌投手脸涨得通红，愤愤地说："7000万日元？亏你想得出来。少于8000万日元，我绝对不干！"

坂田说："既然你这么坚决，也只好依你。那就8000万日元吧！"

合同终于按坂田希望的那样签下了。这样，坂田既达到了自己的目的，又满足了王牌选手的虚荣心。

非此即彼谈判法的要点是提供两种选择，让对方误以为没有第三种选择，从而操纵对方心理，达到自己的目的。

俗话说，"漫天要价，就地还钱"，讨价还价的双方并非认为某件商品一定只值或一定要值某个价，而是希望在可接受的范围内尽量对自己有利些。不过，卖方知道什么价一定不能卖，而买方却不知道什么价一定不能买，卖方了解的信息更多，总是处于主动地位。所以说，"会买的不如会卖的"。不过，如果买方知道卖方大概可接受的范围，也同样可用此招。因为买方知道卖方肯定想卖，卖方却不知道买方到底想不想买，在这方面，买方又是占主动的。

使用这种谈判式还有几点要注意的事项：

1. 不能超越对方大概可接受的范围。这是一个涉及到对方面子的问题。在上例中，如果球队老板出的价格明显低于王牌投手的身价，王牌投手肯定不会接受。

2. 让对方有选择余地。例如，顾客觉得某件衣服价格高了一点，营业员拿出另一件价格较低的衣服说："这件价格比较便宜，就是颜色老了一点；这件价格是高一点，不过样式比较新潮，很适合您。您想选哪一件呢？"这样顾客会误以为比较新潮的衣服就该有这么高的价格，比较之下，当然会选择适合自己的。

## 聪明的谈判者善于使用反间计后发制人

在当今商战中，间谍战是常用的一种战术。在间谍战中，攻方用“间”，而守方“反间”，关键在于反间之布阵高明，使对方“偷鸡不成蚀把米”。

聪明的谈判者成功地使用反间计的关键在于后发制人。即利用对方的情报网络与人员为自己服务；必要时，也可散布一些假消息，以迷惑对方。

在这里我们提到的是一种和气谈判的方式。所谓和气谈判，就是在不伤大家面子的前提下，用你的智慧去谈，而不是用嘴巴来吵吵闹闹，是一切静悄悄地用智力搏杀票子的“战斗”。在我国改革开放中，一些企业为了创造更大的效益，为了多出质优价廉的产品，把目光放在引进外国先进技术设备上。我国北方某省进出口公司代表本省一家企业，到M国进行引进LC-1生产线的谈判。

谈判开始，对方就对我方事先安排的谈判计划策略了如指掌，并且以一种不容置疑的态度阐述了自己的观点：“我们所生产的LC-1生产线属于世界上最先进科技产品，不论是生产工艺方面，还是产品质量方面，都是无可挑剔的，可以说是世界一流产品，我们也知道你们急需这套生产线，在国内投产……”

谈判的气氛显然已被对方操纵，我方代表在第一轮谈判中，没有能够掌握主动权。谈判暂时休息后，我方代表对对方能够掌握我方的谈判意图感到很惊讶。按常识来讲，第一次谈判应该是试探性的，因为双方互相摸不清底细，但从这轮谈判看，好像他们对我们谈判的细节都非常熟识，怎么回事呢？莫非其中有什么？他们回想起在宾馆里曾就谈判的内容分析探讨过，但是不是真的有什么间谍？（如窃听器等）他们决定先试探一下。休息时，他们没有回房间讨论下一步该怎么办，而换了一个地方，制定计策。

果然，在下一轮开始的谈判中，对方对我方的意图就不是很清楚。他们小心谨慎地与我方讨价还价，轻易不做主动进攻。这一下就证实了对方确实在我方代表居住的房间里安装了窃听工具。

怎么办，是当面义正词严地指出，然后放弃谈判回国，还是将计就计，利用他们的窃听手段为我所用。经过谈判人员权衡利弊，认为买设备是主要目的，如果对方因为我方的揭露从而恼羞成怒，破坏了谈判，就有点得不偿失。于是决定利用他们，把主动权掌握在我们手中，让对方搞不清楚真伪，最终达到胜利。

计划制定后，他们佯装不知道，休息时继续在房间谈论谈判计划，让对方掌握这些情报，在接下来的谈判中，对方自以为了解了我方意图。他们认为我方意在压低价格，所以，谈判一开始，就价格问题谈道："关于我方 LC-1 生产线，我们说过，它是一流产品，没有任何国家的产品能和我的产品相比，价格相对要高，但我们本着对你方优惠的原则，已经是最低售价了，您若不信，请看我们的销售记录。"

我方代表不慌不忙地道："我们且不论生产线的价格，而是先讨论一下 LC-1 生产线的工艺情况，LC 一 1 真的如贵方所说是世界一流产品吗？据我们所知，目前真正一流产品是 F 国生产的Ⅲ型生产线，既然你们也称是一流产品，那么在机械性能方面孰更优呢？我这里有 HB 型生产线的质量标准备忘录，请贵方过过目。"

对方万没料到我方会提出这么一个问题，令他们措手不及。

我方代表抓住这一有利时机，乘胜追击。终于迫使对方按我们预定的目标达成了协议，圆满地完成了进口生产线的任务。

在这个案例中，对方虽然是利用于现代间谍术，但在我方识破之后，并没有当面指出，而是利用了它，为我方最终取得谈判的胜利铺平了道路。

在谈判中要让对方"偷鸡不成蚀把米"，自己要胸有成竹，装得跟没事一样，还要做到将计就计，以其人之道还治其人之身，利用竞争对手的人员或手段来达到自己的目的；要疑中设疑，以假为真、以真为假、真真假假、虚虚实实，在一片迷雾中，防止自己的情报被对方窃取。

## 冷静分析，抓住对手弱点一击制胜

冷静的谈判对手在谈判的喧嚣阶段，表现沉默。他们从不激动，讲话慢条斯理。他们在开场陈述时十分坦率，愿意使对方了解他们的立场。

在谈判过程中，面对冷静的对手时，人们往往无法探清对方的利益所在，更无法知道对方的弱点，只有听天由命、误打误撞，这样必然要陷入谈判劣势之中。

有一经销商想进 2000 台电视机，当他与一厂家的谈判人员谈判道，厂家的谈判人员非常冷静，讨价还价中经销商总处于被动，谈判局势对经销商十分不利。此刻，经销商采用了旁敲侧击方法，不再直接和对方谈价钱，而是问："如果我买 200 台彩电，每台电视多少钱？"

厂方回答："2500 元。"

"假如我要购买 5000 台、10000 台，价格又会怎么呢？"

这样厂方的标价单下来后，经销商从标价单上发现了许多无法直接获取的资料。

通过分析，他可以大致估计出厂家的生产成本、设备费用的分摊情况、生产能力及价格政策等。

第二次谈判时，经销商在谈判过程中就可以"有的放矢"，从而以 2300 元每台的最低价进了 2000 台彩电。

面对冷静的对手，有经验的私营公司谈判者正是运用这种方法获取更多的信息，然后进行比较、分析、判断，为制定最佳的谈判方案提供依据，然后达到反败为胜的目的。

与冷静的对手的谈判，可以从很多方面旁敲侧击，比如：

“假如我们订货的数量加倍，或者减半呢？”

“假如我们和你签订一年的合同呢？”

“假如我们自己供给材料呢？”

“假如我们自己供给工具呢？”

“假如我们让你在淡季接下这项订单呢？”

“假如我们买下你全部的产品呢？”

“假如我们和你签订 5 年的合同呢？”

“假如我们要好几种产品，不只购买一种呢？”

如此旁敲侧击，无论对方如何冷静，也会使对立神经高度紧张，但他们想要拒绝回答又很不容易。因此，在回答中往往很容易就会亮出自己的底牌。

## 动之以情，假戏真唱以情动人的谈判技巧

有一位从事人寿保险业务的推销员拜访了一位完全有能力投保的顾客，那位顾客虽然表明自己很关心家人的幸福，但当推销员劝说他投保时，他却提出不少异议，并进行了一些琐碎且毫无意义的反驳。推销员意识到，如果不用点什么好对策的话，这次谈判大概不会成功了。

推销员凝视着那位顾客说：“先生，我真不明白您为什么还那么犹豫不决！您已经对我说了自己的要求，而且您也有足够的力量支付有关的保险费，您也爱您的家属。不过，我好像是对您提出了一个不合适的保险方式。也许我不应该让您签订这种方式的保险合同，而应该签订‘29 天保险合同’。”

推销员稍作停顿，又说道：“关于‘29 天保险合同’问题，我想简单地说明一下。第一，这个合同的金额和您所提出的金额是相同的；第二，满期退还金也是完全同额的；第三，‘29 天保险’兼备两个特约条件，那就是设想您万一失去支付能力而无力交纳保险费，或者因为事故而造成死亡时，则约定‘免交保险费’和‘发生灾害时增额保障’的条件。这种‘29 天保险’的保险费，只不过是正常规模保险合同保险费的 50%。单从这方面来说，它似乎更符合您的要求。”

那位顾客吃惊地瞪大了眼睛，脸上放出异彩，“那么，如果根据我的钱包考虑，比以前所说的就更合适了。可是，所谓‘29 天保险’到底是什么意思？”

“先生，‘29 天保险’就是您每月受到保险的日子是 29 天。比如这个月，这个月是 4 月份，有 30 天，你可以得到 29 天的保险，只有一天除外。这一天可以任由您选择，您大概会选星期六或星期天吧？”

推销员停了片刻，然后再接着往下说："这可不太好吧？恐怕您这两天要待在家里，如果按统计来说，家庭这个地方是最容易发生危险的地方。"

推销员看着那位顾客，像是等着什么，过了一会儿，他又开口了："从公平的角度来看，先生，即使您让我马上从您家出去，那也是情理之中的事情。我说了不应该说的事情，我显然忽略了您的家属将来的幸福，而您却是对于家属责任感很强的人。我在说明这种'29天保险'时说，您每月有一天或两天没有保障，我担心您会想："如果我死去或被人杀害时将会怎么办？"

"先生，请您放心。保险行业虽然有各种各样的保险方式，但目前我们公司并未认可这种'29天保险'。我只不过冒昧地说说而已。那么，为什么还要说呢？我想，如果是您的话，也一定会想，无论如何也不能让您的家庭处于无依无靠的不安状态。您大概会有这样的感受吧，先生？"

"我确信，像您这样的人从一开始就知道那种合同的价值，它规定，顾客在一周7天内一天不缺，在一天24小时里连一小时也不拉下，不管在什么地方，也不管您在干什么，都能对您进行保障。为了您的家属受到这样的保障，难道不正是您所希望的吗？"

这位顾客完完全全地被说服了，心服口服地投了费用最高的那种保险。这位推销员在他的推销生涯中，曾多次使用这种方法，虽不是屡战屡胜，但十之八九都能成功。

杜撰虽然能吸引住顾客的心思，但若没有实际的内容和利益让顾客动容，其效果往往是适得其反的，因而一个好的推销员应该"诈"中求变，以情动人。

# 第八章

# 把握全局，运用谈判技巧随机应变说服对手

# 说服对手是谈判过程中最富有技巧性的工作

谈判中能否说服对方接受自己的观点，是谈判能否成功的一个关键。谈判中的说服，就是综合运用听、问、叙等各种技巧，改变对方的起初想法而接受已方的意见。说服是谈判过程中最艰巨、最复杂，同时也是最富有技巧性的工作。下面分两个方面来论述。

**（1）创造说服对方的条件**

①要说服对方改变初衷，应当首先改善与对方的人际关系。当一个人考虑是否接受说服之前，他会先衡量说服者与他熟悉的程度，实际就是对你的信任度。对方在情绪上与你是对立的，则不可能接受你的劝说。

②在进行说服时，还要注意向对方讲你之所以选择他为说服对象的理由，使对方重视与你交谈的机会。

③把握说服的时机。在对方情绪激动或不稳定时，在对方喜欢或敬重的人在场时，在对方的思维方式极端定势时，暂时不要说服，这时你首先应当设法安定对方的情绪，避免让对方失面子，然后才可以进行说服。

**（2）说服的一般技巧**

①努力寻求双方的共同点。谈判者要说服对方，应力寻求并强调与对方立场一致的地方，这样可以赢得对方的信任，消除对方的对抗情绪，用双方立场的一致性为跳板，因势利导地解开对方思想的扭结，说服才能奏效。

②强调彼此利益的一致性。说服工作要立足于强调双方利益的一致性，淡化相互间的矛盾性，这样对方就较容易接受你的观点。

③要诚挚地向对方说明，如果接受了你的意见将会有什么利弊得失。既要讲明接受你的意见后对方将会得到什么样的益处，已方将会得到什么样的益处，也要讲明接受你的意见，对方的损失是什么，已方的损失有哪些。这样做的好处是：一方面使人感到你的客观、符合情理；另一方面当对方接受你的意见后，如果出现了恶劣的情况，你也可以进行适当的解释。

④说服要耐心。说服必须耐心细致，不厌其烦地动之以情，晓之以理，把接受你的意见的好处和不接受你的意见的害处讲深、讲透。不怕挫折，一直坚持到对方能够听取你的意见为止。在谈判实践中，常遇到对方的工作已经做通，但对方基于面子或其他原因，一时又下不了台。这时谈判者不能心急，要给对方一定的时间，直到瓜熟蒂落。

⑤说服要由浅入深，从易到难。谈判中的说服，是一种思想工作，因此也应遵照循序渐进的方针，开始时，要避开重要的问题，先进行那些容易说服的问题，打开缺口，逐步扩展。一时难以解决的问题可以暂时抛开，等待时机再行说用。

⑥不可用胁迫或欺诈的方法说服。说服不是压服，也不是骗服，成功地说服必须要体现双方的真实意见。采用胁迫或欺诈的方法使对方接受意见，会给谈判埋下危机。

# 谈判中随时要关照对方的“面子”

一定要给对方留有余地谈判时决不能把对方置于死地。尤其在我方处于绝对优势、胜利在望的情况下，更要注意这一点。不懂得谈判的人则往往在这种没有必要的时候穷追猛打。

空手道中有一个规则叫“叫停”，就是在胜负已定的情况下，不必再手击脚踢，用不着一定把对方打倒在地。当裁判认为比赛再继续下去胜负也不会有所改变，即“定型”的时候，就可以宣布结束。这样失败者默认失败，以免遭受肉体上的伤害，在空手道比赛中这样做是对的。

谈判也是如此，谁都看出胜负已经定型了，就应该在这种“叫停”的状态下落下帷幕。再继续攻击下去，就是犯规行为。当知道自己已经获胜的时候要停止追击，反过来应该给对方一个下台的台阶。

如果不给对方留一条生路，那么可以说这次谈判是不成功的。即使这次谈判你暂时领先，也不会持续到下次。一般地说，对方受到严重的伤害以后，不会再与你共事。

商务活动中最重要的一条是让利，这意味着双方还可以继续合作。做买卖最好追求“双赢”，常胜不败做不成买卖。在5次、10次的商战中有胜有负，连续作战，方能有利可图。

谈判也不能把对方宰得太狠，应当悠着劲儿照顾对方一点儿，让他回到公司里好有个交代。一来二去搞好关系，他就能够逐渐成为合作伙伴。

此外，还需注意的是，在争论的过程中，谁都会有感觉对方的意见是正确的那一瞬间，或许这正是某一方将要获胜的时刻。不过，仅仅有这种一闪而过的念头，争论还是不能结束的。

心里想着对方是正确的和嘴上改变自己的意见，这两者之间存在一条鸿沟。人们在一起争论时，为了保全自己的面子和自尊，面对对方一直主张的反对意见，不会轻易承认它是正确的。即使理论上接受，也希望在改变自己的意见时采取一种适当的方式。

所以，当估计自己的意见将被采纳的时候，应当给对方一个机会，让他在没有屈辱感的情况下改变自己的主意。那种被胜利冲昏头脑，想让对方当场屈服的做法，有损于对方的自尊，谈判有可能在意料不到的方面出现问题。无论怎么软磨硬泡，也难以使其当场改变自己的主意，不如用缓期执行的办法，劝他慢慢地考虑一个晚上，自己也再想一想。

第二天，当你问道昨天的事考虑得怎样时，他会很容易地接受下来并告诉你："经过我再三考虑，认为你的意见是正确的。"把结果归结于不是被你说服的，而是自己决定的。

也许有人认为明知结果都是一样，却还认为这么做太麻烦了。不过设身处地地站在对方的立场上想一想，你就会明白，当你认为对方意见正确的时候，你也不愿意当场说出。

自己也是抱着取胜的希望来参加谈判的，但是经不起对方花言巧语的劝说而举手投降，本来心里就十分懊丧。因此，一个人就是想改变自己的主意，也希望用于对方不同的理由来说服自己，哪怕是装装样子也罢，需要有一点考虑的时间。

## 巧妙利用对方的虚荣心

谈判的对手为了在心理上处于优势，往往搬出一些专用词汇和外来语来虚张声势，搬弄这些市场专用语。科学和法律方面的术语是为了摆出一种挤兑你的态度：“这些词，你不懂吧。”如果这些都在对方所学的专业范围内，则当别论，但大多数场合他只不过看了一点儿这方面的书现买现卖而已。如果是这种情况，你可以把它当成一个很好的机会。

你大可不必因为听不懂这些词而感到羞愧。对方肯定是在似懂非懂地滥用，进而在这些专业词汇中自我陶醉。此时，你不妨认真地询问：“这个词是什么意思？”即使你明明知道，也故作不知地反过来问他。

于是，形势发生逆转。对方只是隐隐约约地知道一点儿，真让他解释，他就茫然不知所措了，回答起来也吞吞吐吐：“这个嘛，也就是这个意思。”刚才讲话的神气已荡然无存。对方本来意在造成我方的混乱，结果是搬起石头砸了自己的脚。在他们看来一般人耻于别人说自己没文化，不会刨根问底，所以才滥用那些道听途说的只言片语。因此，我方也可以将计就计，在那些难以解释，希望一带而过的问题上，不妨适当地说些晦涩的专业词汇或是人们不熟悉的拉丁文字，借以脱身。还可以做点铺垫，比如说：“正如您已经知道的那样……”只要对方不是非常执着的人，不十分老练，大概谁也不可能再问：“咦，不知道呀！到底是什么意思？”像这样，抓住对方的虚荣态度和自尊之心做些文章，谈判会越发顺利。

举个例子，客户中有一位课长深信自己对流行的东西相当敏感，与广告策划人不相上下。在讨论新的构思时，有这种人从中作梗，就很难让大家接受。这时，柯维经常采取这种方法，一上来先对他说："最近新开张了这么一家店铺，您去过吗？实际上这个店铺根本不存在。但是对方不愿意承认自己的无知，于是做出的反应是"嗯，好像在哪听说过"，结果正中下怀。这时你可以把话挑明："都听说了？消息真灵通呀！这么说，我脑子里想象的那个店铺实际上已经存在啦。"对方吃了一个哑巴亏，便虚下心来听你的发言，再也不会不懂装懂了。

# 谈判不是吵架，声音低点更有说服力

一些人在形势不利时，还想继续说服对方，往往会抬高嗓门说话，其结果却适得其反。说话声音太大，人家会认为你在掩盖自己的心虚。

另外，声音大，说话的速度就快，给对方的印象是你准备把这次不顺利的谈判草草收场，一走了之。

实际上，如果真的对自己的意见充满信心，那么说话的声音反而会压低。当对方听到低沉而缓慢的讲话时，会感到这种语调是具有说服力的。情人之间认真地说起重要的话题时都是悄声细语的。电视剧里的人求爱时总是声嘶力竭地大喊，而现实生活中没有人会这样做。同一个“爱”字，低声表达，则富有真实感，如果在千米之外大声高喊，别人就会说这个人“有毛病”。

在日常生活中，高声交谈时往往没有什么大事。当人家小声说话的时候，也许你不知对方要说什么，但会意识到对方有要事相谈。比如在电车上或办公室里听到别人在大声交谈，你一般不去理会，可对面座位上有人在小声嘀咕，你会不自觉地把耳朵竖起来。

有人站在公司的走廊凑在另一个人的耳根下唧唧咕咕地说什么的时候，最容易引人注意。别人会猜测他们肯定在议论公司里的秘密，或许是人事上的变动。

在咖啡馆里与朋友交谈时，如果对方在高谈阔论，你听起来也许不那么认真。但如果声音一下子降了下来，你会马上调整姿势，意识到对方有什么大事要与自己商谈。

因此，在谈判桌上想说服对方的时候，说话还是小声一些为好。这么做对方会感觉出我方有重要的事情要商量，气氛便紧张起来。假如我方并没有准备出足以说服对方的材料，也能靠降低说话的语调令对方感觉到我方的话里透着自信。

在与会者你一言我一语争吵不休时，你故意压低声音，会场的气氛会顿时严肃起来。大家都止住自己的争议，专心听你到底有什么意见。由于散乱的情绪集中到了一点，你就掌握了整个谈判的主动权。

# 发挥嘴巴的威力，巧妙说服

在犹太商人看来，为了不使对方讨价还价，首先必须使对方的态度有所改变。我们应当以对方预先的设想、已存在的信念、所需的所求等为出发点，并引导他们向着我们的建议靠拢。每件事情都有两个方面，每一次交易也都有满足和不满足的因素在内，双方也都必须有一些需要克服的反对意见，交易是否能成功，从某种意义上说根本在于你如何去面对反对意见，这就取决于你在交易中怎样讨价还价，并且怎样去影响、改变对方的观点。

乔治先生的妻子视力较差，她使用的手表必须长短指针分得非常清楚才行。但这种手表现在是不容易找到，他们费了九牛二虎之力，总算找到了一只她能够看清楚的手表。但是，那只手表的外观太丑陋，也许正因为这个原因，这只表一直卖不出去，而且，它的标价 200 元也似乎太贵了点。

乔治先生告诉卖表的商人说，200 元太贵了，但商人却说这个价格非常合理，并且告诉乔治先生这只手表精确到一个月只差几秒钟而已。乔治先生告诉钟表商时间的精确与否不很重要，为了证明给他看，乔治先生还拿出了他妻子的旧表让他看："她戴这只 50 元的表已经 7 年了，这只表一直是很管用的。"

但是商人回答说："噢，经过 7 年后，她也应该戴只名表了。"当乔治先生指出这只手表式样不好看时，他又反驳说："我从来没有见过这么好的专门给视力不好的人设计的手表。"最后，经过一番讨价还价，他们最终以 150 元的价格成交。

其实，一旦你抓住了要诀，你就可以具有自己的力量，可以很圆滑地处理对方的反对意见，说服他们同意你的观点。所谓说服，是指在谈生意中让对方认识到自己真正利害关系之所在。可以借助于对方的逻辑感，可以诉之于对方的感情，也可以投合于对方的价值感。

练习下面的步骤，你可能会发现它们是有效的，它并不是进行说服工作的唯一途径，但它是一条较好的途径。

（1）首先应指出问题。在与顾客谈生意之前，记下你所能想到的一切。你所提意见之中所包含的好处，在这个阶段，在他没有从自己的机遇的角度看到它们之前，暂时还没有什么用处。只能是通过提一些试探性的问题，来找到对方问题之所在。

（2）商定解决方案。要和对方一起工作，并设法使对方同意你提出的解决他的问题的总体建议。方法是：当他支持你的建议内容时要鼓励他，并怂恿他在这种情况下表态；而当他提出异议时要退却或提出反对。

（3）选择主要的利益。只选择在适合于你已列举的解决方案的建议中对他有利的部分。你的资料公开得越多，你的地位就越弱。其他好处应备而不用，以对付他的阻力。

（4）对你所说的话提供充分的证据。这是一个非常重要的阶段。为了支持你的观点，尤其是当你谈到你的服务质量时，要给对方提供证据，如表格、数字、各种曲线图、草图、图片、试验结果、研究数据等。必须描绘出你的东西在哪些方面是最好的，并对你说的话提供某些证据。否则，他会暗暗地想："这一切我以前听得多了。"

（5）取得对方的赞同。要让他和你走一条路，如果他想走回头路进行抵制，你就重新把问题再提出来。你应该在下一阶段到来之前确保他能持赞成态度。

（6）把他的代价缩小到最小限度。把他的代价铺得很开，并把它和另外一些小额费用进行比较；把对方的代价在时间上拉开，掰成小块。不要在这一阶段徘徊，而要立即进入下一阶段。

（7）给他一个额外的好处。要在关于对方的代价的说明以后立即引出这一项利益。

（8）最后，把赚取的利益总加起来。把他到此为止的所有利益都加起来，并和他一起算出他所获得的毛利；要把这个毛利按一个很长的时间范围来进行累计。当然，在说服对方的时候，一定要让顾客知道你很清楚他的观点。对方在讨价还价时会做出一系列反应。

首先犹太商人必须对对方进行评价，既把他们集合起来作为一个整体评价，电把他们分散为一些单独的个人进行评价，而后，犹太商人再给对方一个刺激，这种刺激通常是以一种能吸引对方的建议书的形式出现的。犹太商人向对方提出的建议书中所提到的一些好处，可以起到这种刺激作用。这会吸引他们做出响应。从这一点出发所进行的交换，将涉及一种塑造对方的响应，使之朝犹太商人观点发展，同时，他们也会想塑造我方的响应，使之朝他方观点发展。

这种塑造过程可以通过正面强化来进行，偶尔也可以通过反面强化来进行。所谓正面强化，即当对方说的话于我方方案有利时，犹太商人将给对方以鼓励；而所谓反面强化，即当对方不支持我方方案时，犹太商人就给他们设置阻力或后撤。这种“教导”对方的过程绝不是单向的——在犹太商人向对方施加作用时，对方也向犹太商人施加作用，而犹太商人这种由想象对方进而产生共鸣或同感的“学习”过程则是通过观察对方的谈生意行为而进行的，这将影响彼此的将来行为。

其实，除了对谈生意人员施加影响外，还能对谈生意形势施加影响。在谈生意需要引导对方向预期的成交方向努力时，犹太商人可以向对方提供一个相似的但对他们更为有利的交易、更优惠的条件、不同的计划与成交方式，或提供对交易的不同评价方式来影响谈判的形势。

之外，“制造漩涡”和“边缘政策”，一般也可以对谈生意的形势形成影响。采取竞争性谈生意的生意谈判者，彼此都知道对方在一定时机玩弄“制造漩涡”的游戏。他们有时故意想让对方这样做，甚至很敬佩那些能最大限度地使用这种手段的谈生意人，但这种游戏通常存在着危险。

使用这些手法时，有一定的技巧性。如果犹太商人认为，对方的态度过于理想化，要想继续谈下去，犹太商人自己就没法正常谈判时，他们就利用这方面的技巧。这时，犹太商人不能马上屈服，否则，太快的让步就会让对方把让步不当回事，而想夺取更大的胜利。当然，在采用这种技巧时，一定不能让对方识破。犹太商人要不动声色，让人信服地进行谈生意。

# 用“唱黑白脸”的方式来说服对方

谈判桌既是生意的战场也是一个患难的舞台，谈判的双方都在这个舞台上扮演不同的角色。既然是演戏，就少不了黑脸的坏人和白脸的好人。只有黑脸白脸相互配合，才能让自己一方成为这个舞台的主宰。

有一回，传奇人物——亿万富翁休斯想购买大批飞机。他计划购买34架，而其中的11架，更是非到手不可。起先休斯亲自出马与飞机制造厂商洽谈，但却怎么谈都谈不拢，最后搞得这位大富翁勃然大怒，拂袖而去。事后，休斯觉得谈判靠争吵是解决不了问题。得想个法子，走和气谈判的路子，于是便找了一位代理人，帮他出面继续谈判。休斯告诉代理人，只要能买到他最中意的那11架，他便满意了。而谈判的结果，这位代理人居然把34架飞机全部买到手。休斯十分佩服代理人的本事，便问他是怎么做到的。代理人回答：“很简单，每次谈判一陷入僵局，我便问他们——你们到底是希望和我谈呢，还是希望再请休斯本人出面来谈？经我这么一问，对方只好乖乖地说——算了算了，一切就照你的意思办吧！”

要使用“白脸”和“黑脸”的战术，就需要有两名谈判者，两名谈判者不可以一同出席第一回合的谈判。两人一块儿出席的话，若是其中一人留给对方不良印象的话，必然会影响其对另一人的观感，这对第二回合的谈判来说，是十分不利的。

第一位出现的谈判者唱的就是“黑脸”，他的责任在于不给对方面子，激起对方“这个人真不好惹”“碰到这种谈判的对手真是倒了八辈子霉”的反应。而第二位谈判者唱的是“白脸”，得尽量给人面子，也就是扮演“和平天使”的角色，使对方产生“总算松了一口气”的感觉。就这样，二者交替出现，轮番上阵，直到谈判达到目的为止。

第一个谈判者只需要使对方产生“真不想再和这种人谈下去了”的反感便够了。不过，这样的战术，只能用在对方极欲从谈判中达成协议的场合中。当对方有意借着谈判寻求问题的解决时，是不会因对第一个谈判者的印象欠佳，而中止谈判的。所以，在谈判前，你必须先设法探求对方对谈判所抱持的态度，如果是“可谈可不谈”，那么“白脸”与“黑脸”战术便派不上用场了。

谈判以在自己的地盘上进行较为有利，但是，在使用“白脸”与“黑脸”战术时，却反而以在对方的阵营中进行谈判为佳。不管第一位上阵的谈判者用什么方式向对方“挑衅”，如果谈判是在对方的阵营中进行的话，基于一种“反正这里是我的地盘”的安全感，对方通常不会有过度情绪化的反应。因此，当第二名谈判者出现时，他们的态度自然也不至于过分恶劣了。

相反的，若谈判是在自己的地盘进行，而对方又被第一位上阵的谈判者激怒了的话，便很可能拒绝再度前来，或者干脆提出改换谈判地点的要求。一旦谈判地点变更，对方便可能因此而摆脱掉上回谈判所带来的不悦，重新振奋起来，以高昂的斗志再度面对你的挑战。果真如此，那么“白脸”与“黑脸”战术的效果就要大打折扣了。

“白脸”与“黑脸”战术的功效，乃是源自第一位谈判者与第二位谈判者的“起承转合”上。第二位谈判者就是要利用对方对第一位谈判者所产生的不良印象，继续其“起承转合”的工作。第一位谈判者的“表演”若未成功，第二位谈判者自然也就没戏可唱！

黑白脸地结合在谈判中算是出奇制胜的技巧，在一般的商务谈判中并不多见，但若用到好处，却常常给人带来意想不到的结果。

# “香肠式”谈判技巧有妙用

人们在接受新事物或者观念时，都需要有一段时间的适应期。双方在开始谈判的时候，往往都怀着一些不太实际的想法，抱着各种假定的甚至是错误的观念，同时也希望能够顺利达到他们的目标。可是，谈判的过程却使双方突然醒悟过来，买方希望的低价格竟然成为不可能的事情，而卖方希望的迅速成交也成为泡影。双方的讨价还价就像一盆冷水，浇灭了满腔的热忱之火，双方不得不面对严酷的现实。

一位哲人曾经说过，时间会慢慢地改变一切。当你要求一个人在很短时间里改变他多年以来所形成的观念时，你应该意识到这是一项难度很大的工作，无论他的观念是对是错，改变起来都是一件非常困难的事情，因为他已经习惯了旧有的一切。因此，我们应该设身处地地为他想一想，给他一段适应的时间去接受你的观念。“意大利香肠”式的谈判点子，其实就是利用人们的这种心理产生和发展起来的。

古人云：欲速则不达。俗话也说，心急吃不了热豆腐。一位高明的谈判者在谈判之初并不会提出自己全部的、真正的要求，而是应该随着谈判的不断深入，采取挤牙膏式的方法，顺顺当当地使对方做出一个又一个的承诺，直到满足自己的所有欲求为止。就好像蚕吃桑叶一样，一点一点、一片一片地统统吃光。这就是传统的蚕食谈判策略，又被称为“意大利香肠”策略。这种策略的具体内容是：意欲取其尺利，则每次谋取毫厘，就像切香肠一样，一片一片地把最大利益切到手。这种谈判的谋略在谈判中屡试不爽。

“意大利香肠”出自这样一个典故：

在意大利，一个乞讨者想得到某人手中的一根香肠，但对方不给。于是，这位乞讨者就再三乞求对方可怜他，给他切一个薄片。对方认为这个要求可以满足，于是就答应了。第二天，乞讨者又去乞求切一片，第三天又是如此，最后这个香肠全被乞讨者得到了。

“意大利香肠”策略一词据说源于前匈牙利共产党总书记拉科西・马加什。他在谈到使用这一策略时说：“假如你想得到一根完整的意大利香肠，而你的对手把它抓得很牢，这时你一定不要去抢。你先恳求他给你薄薄的一片，这样对方才不会在意，至少不会十分计较。第二天你再求他给你薄薄的一片，第三天还是如此。这样日复一日，一片接着一片，整根香肠就会归你所有。”

科拉西・马加什的形象解释深刻地揭示了“意大利香肠”点子的成功。有一家新兴保险公司，刚开始时只争取到了他们所在地区的房主，然后在短短的一段时间里争取到了多半的房主，接着又很快囊括了房屋抵押贷款保险业90%的份额。第一步取得了成功之后，新兴保险公司又派出代表到各大银行游说：“目前我们公司已经争取了整个市场90%的份额，你看我们该不该争取100%？”当然应该争取。就这样，该公司不但成为当地唯一被市立银行协会所指定的保险公司，而且成功地运用这种战术，和全国各地银行建立了固定的业务关系，终于成为全国受银行指定最多的保险公司。

在这里，新兴保险公司成功地运用了“意大利香肠”的点子，取得了与银行谈判的成功。在不断蚕食的过程中，首先从银行那里得到尚未参加保险的客户名单，用新的服务方式招徕越来越多的客户来新兴公司投保。其次，以初步的成功再向银行提出新的要求，进而争取到100%的当地市场。最后，以取得的成功为基础，采取同样的策略向全国出击，最终在同行业中遥遥领先，从而实现了自己的最高目标。这可以说是“意大利香肠”点子最成功的例子。

“意大利香肠”的点子给我们的启示是：

在谈判中，与其把目光总是盯着最高目标，以至于双方吵得面红耳赤，有伤和气，倒不如动点脑子，从最容易实现的物质条件开始，一点一滴地去争取。因为你要一吃吞掉一头大象，人家肯定不给你面子。但是你一次只向别人要一片香肠，那么大家多少给你面子。从这个意义上说，谈判不是靠嗓门大，靠的是脑子话。一定要记住欲速则不达这句古语，谈判中采用这种点子时必须注意要有耐心，要小心谨慎，否则不会获得成功。因为最常见、最有效的策略，也往往是最易被人识破的策略。因此，仅仅懂得了“意大利香肠”式谈判点子还是远远不够的，我们必须清楚地知道，点子运用的技巧要比点子本身更重要。

# 在谈判中要重视细节的作用

某出口公司与港商成交一批商品，以价值318，816美元买断，再由其转口西非。双方签订合约中的包装条款订明：均以三夹板箱盛放，每箱净重10公斤，二箱一捆，外套麻包。

该港商如期通过中国银行香港分行于2月6日开出不可撤销跟单信用证。我出口公司审证发现信用证的包装条款与合约有出入，信用证的包装条款为：均以三夹板箱盛放，每箱净重10公斤，二箱一捆。没有要求箱外加套麻包。鉴于信用证收汇方式应遵循与信用证严格相符的原则，该公司决定货物包装以信用证条款为据办理，即只装箱打捆，不加套麻包。一切有关单据都按信用证的条款及实际情况缮制。该批货物共5000捆（一万箱），于3月15日装上海轮运往香港。我出口公司持全套单据交中国银行上海分行办理收汇。中国银行上海分行审核后未提出任何异议，因信用证付款期限为提单后60天，不作押汇，全套单据由中国银行寄开证行，整个过程并无异常。

货物出运后的第八天，香港客户致电我出口公司声称："兹告发现所有货物未套麻包，我们的买户不会接受此种包装的货物，请告知你们所愿采取的措施。"

我出口公司次日复电："有关货物，系根据你信用证规定的如下包装条款包装：'均以三夹板箱盛放，每箱净重10公斤，二箱一捆'，根据上述规定，我方包装未套麻包。鉴此，我方不能承担任何责任。"

香港客户当天立即再来电拒绝我方的答复，并提出索赔："我方亦可考虑在香港打包，但每捆须支付30—35港元，尚不包括每箱7港元的仓储费，请最迟于明天同意这些费用由你们承担，因这些货物支配权仍属你们，并由你们承担风险。”

次日，即3月25日，香港客户又来电，除重申信用证包装条款外，还指出信用证订有：“其他均按销售确认书SG623号”，并声称：“因此，你们应按照合同及信用证详细规定办。因合同和信用证都详细规定了包装条款。我们坚持货物的风险由你们承担，要求你们确认承担所有重新打包的费用。”该电结尾中，还进而表明了退货的主张。显然，香港客户利用其提单后60天远期付款的有利地位胁迫我进出口公司接受其赔偿要求。

按港商开列的费用清单结算，约折合20860美元。我出口公司认为客户的要求，不仅费用损失较大，而且于情于理不合，因此于第二天，即3月26日，再次电告香港客户：“经查核，过去你多次来证均按合同规定在信用证内列明具体包装条款，而这次你规定：‘均以三夹板箱盛放，每箱净重10公斤，二箱一捆’，但未注明‘外套麻包’。我们理解为你对该包装有特殊要求，故完全按你信用证规定办理。至于你上述信用证内载明：其他详情均按销售确认书SG623号办。因你信用证已详细列明包装条款，故该‘其他’字样，只能理解为其他交易条款，而不包括包装条款。据此，我完全按你来证要求办理。对你上述电传提出的要求难考虑。”

该电抓住了有利理由不放，使香港客户也感到自己有欠缺。沉默了一周后，直到4月3日才来电称：“我已通知我方银行，单据与信用证不符。”该批单据在我某出口公司于3月17日交单后，议付银行并无异议，开证行也没有提出任何与信用证不符合。而且，从信用证业务的特性来说，开证行负第一性付款责任。因此，若出现单据与信用证不相符合的情况，理应由开证银行提出。而现在港客户从开证申请人身份，竟然在开证行没有指出任何与信用证不符的情况下，违背信用证业务的处理惯例，来电中提到“已通知银行单据不符，止付货款”，这是很不正常的。这一方面反映了香港客户的不满情绪，另一方面也暴露了香港客户的“理屈词穷”。

我出口公司接到上述电文后，迅即复电，说明单证完全相符，要其如期履行付款。

4 月 8 日香港客户来电称："重新包装的材料人工费 110，000 港元，仓租与搬运费 60500 元，诚如你们所知，我们所获得的薄利极有限，因此我们没有道理再全部承担此项额外开支，请确认你方将承担该费用。"

显然香港客户在电文中采取了协商的口气，态度已软化。据此，并考虑到卖价中也包含了麻包的因素，我出口公司因势利导，决定送个顺水人情，卖个面子给他们，与香港客户进行了友好的协商。在香港客户最终实际支付材料等费用 35000 美元的基础上，由我出口公司贴补费用 14000 美元，顺利地了结了此案。

我出口公司之所以未承担全部包装费仓储费，关键在于抓住了对方信用证这一明白无误的证据，作为不套麻包的依据，使对方提出的索赔计划未能全部落实。

细节在谈判中作用至关重要，在不利于我方的条件下抓住对方的某些漏洞有时能给自己带来主动，这也是谈判中经常会用到的方法和手段。

# 为对方着想与对手形成认知共鸣

美国口才大王卡耐基的一次经历，可以作为谈判的典范。他是这样请求一家旅馆经理打消增加租金的念头的：

我每季均要在纽约的某家大旅馆租用大礼堂20个晚上，用以讲授社交训练课程。

有一季度，我刚开始授课时，忽然接到通知，要我付比原来多三倍的租金。而这个消息到来以前，入场券已经印好，而且早已发出去了，其他准备开课的事宜都已办妥。

很自然，我要去交涉。怎样才能交涉成功呢？他们感兴趣的是他们想要的东西。两天以后，我去找经理。

“我接到你们的通知时，有点震惊。”我说，“不过这不怪你。假如我处在你的地位，或许也会写出同样的通知。你是这家旅馆的经理，你的责任是让旅馆尽可能地多盈利。你不这么做的话，你的经理职位很难保住，也不应该保得住。假如你坚持要增加租金，那么让我们来合计一下，这样对你有利还是不利。”

“先讲有利的一面。”我说，“大礼堂不出租给讲课的而是出租给办舞会、晚会的，那你可以获大利了。因为举行这一类活动的时间不长，他们能一次付出很高的租金，比我这租金当然要多得多。租给我，显然你吃大亏了。”

“现在，来考虑一下‘不利’的一面。首先，你增加我的租金，却是降低了收入。因为实际上等于你把我撵跑了。由于我付不起你所要的租金，我势必再找别的地方举办训练班。”

“还有一件对你不利的事实。这个训练班将吸引成千的有文化、受过教育的中上层管理人员到你的旅馆来听课，对你来说，这难道不是起了不花钱的活广告作用了吗？事实上，假如你花 5000 元钱在报纸上登广告，你也不可能邀请这么多人亲自到你的旅馆来参观，可我的训练班给你邀请来了。这难道不合算吗？”

讲完后，我告辞了，“请仔细考虑后再答复我。”当然，最后经理让步了。

这里我要提请你注意，我获得成功的过程中，没有谈到一句关于我要什么的话，我是站在他的角度想问题的。

可以设想，如果我气势汹汹地跑进经理办公室，提高嗓门叫道：“这是什么意思！你知道我把入场券印好了，而且都已发出，开课的准备也已全部就绪了，你却要增加 300% 的租金，你不是存心整人吗？ 1300%！好大的口气！你疯了！我才不付哩！”

想想，那该又是怎样的局面呢？大争大吵必然炸锅了，你会知道争吵的必然结果：即使我能够辩得过他，他的自尊心也很难使他认错而收回原意。

汽车大王福特说过一句话：“假如有什么成功的秘诀的话，就是设身处地替别人想想，了解别人的态度和观点。”

俗话说，媒婆一张嘴，甜死几多郎。大凡接触过媒婆的男女，没有几个不被说动心思，最后将开头的或少或多的不满意忽略，欣欣然地与原来不喜欢或看不上的人儿走到一起的。

这是因为媒婆在游说的过程中，显然没有个人利益，她所说的一切都是为你着想。

有些生意人，嘴巴上好像抹了油，讲起话来又甜又香。他会把曲的说成直，直的也可以变为曲。从复杂的商品销售到简单的青菜买卖均是如此，高明菜贩子的嘴巴比油瓶口还要滑：

“如果我是你，我就买这种菜。虽然贵了点，但是它新鲜、娇嫩、吃时爽口、清香……”

这些人为什么能够叫你打开原来不想打开的钱包，很重要的一条就是他站在你的角度上去分析判断问题，分析出它的好处，使你觉得很有道理。

# 在谈判中运用权威说法来驳倒对手

在谈判过程中，死板的对手往往说一不二，说什么都是一口咬定，铁板一个，没有商量的余地。

一般来说，死板的谈判对手准备工作做得完美无缺。他们直截了当地表明他们希望做成的交易、准确地确定交易的形式，详细规定谈判中的议题，陈述和报价都非常明确和坚定。死板的对手有的甚至比较固执。

在与死板的对手谈判中陷入僵局或处于劣势时要挽回败局，可采取比较强硬的措施。

在一次中外技术谈判索赔案中，第一轮谈判时，外方固执已见，咬定自己的观点不放，不承认自己应该承担的责任。面对外方的死板，中方决定停止谈判。

第二轮谈判时，中方运用了强有力的权威性策略。

中方请来了公司的总工程师，一开始，总工程师就以专家的口气侃侃而谈。他引用国际权威特劳倍尔教授的理论和意见支持自己的观点，随后还拿出了 3 份由特劳倍尔教授亲自审核签字的材料。

这样，无论外方如何死板固执，在权威面前，不得不接受中方的要求。摆平死板的对手，除了运用权威策略，还可运用以下策略：

（1）在其报价之前即摸清他的底细，做出相应的对策。

（2）提出他没想到的细节。

（3）运用车轮战术。

在谈判中，如果对方在价格上死板，就和他谈质量；如果他在质量上死板，就和他谈服务；如果他在服务要求上死板，就和他谈条件；如果他在条件上死板，再与他谈价格。

总之，运用适当的策略在谈判中是绝对必要的，策略运用得妙，能为自己增加获胜的筹码。

需要说明的是，只要识破对方的战术，其战术就不再起作用了，因为被识破的战术就不是战术了。例如，对方采用情感战术，你可以明确告诉对方，你虽然愿意帮助他，但是你没有权力答应他的要求。也可以点明并承认其战术高明，赞扬对手巧妙地使用了它。总之，首先不要被对方唬住了。只要能保持理智的态度，用事实而不是感情来商谈，同时表现冷静端庄、威严的风度和坚定的立场，那么，即使对方大嗓门叫喊，也无济于事。甚至，可以带他们去见那训练有素、且能镇静地运用权威的人来对待这些叫喊者的上级。